双百政法英模
先进事迹汇编

中央政法委宣传教育局　　中央政法委政法队伍建设指导局

中国长安出版传媒有限公司
中国长安出版社

图书在版编目（CIP）数据

双百政法英模先进事迹汇编 / 中央政法委宣传教育局，中央政法委政法队伍建设指导局编 . — 北京：中国长安出版传媒有限公司，2023.2

ISBN 978-7-5107-1107-7

Ⅰ.①双… Ⅱ.①中… ②中… Ⅲ.①法律工作者－先进事迹－中国 Ⅳ.① K825.19

中国版本图书馆 CIP 数据核字（2022）第 217560 号

双百政法英模先进事迹汇编

中央政法委宣传教育局　　中央政法委政法队伍建设指导局

出版发行	中国长安出版传媒有限公司 中国长安出版社
社　　址	北京市东城区北池子大街 14 号（100006）
网　　址	http://www.ccapress.com
邮　　箱	capress@163.com
责任编辑	李　涛
电　　话	010–55605993
印　　刷	唐山玺诚印务有限公司
开　　本	710 毫米 × 1000 毫米　1/16
印　　张	23.5
字　　数	300 千字
版　　次	2023 年 2 月第 1 版
印　　次	2023 年 2 月第 1 次印刷
书　　号	ISBN 978-7-5107-1107-7
定　　价	86.00 元

 前　言

　　2022 年 1 月，中央政法委印发《关于在全国政法系统学习宣传"双百政法英模"先进事迹的通知》，号召全国政法机关和全体政法干警要以习近平新时代中国特色社会主义思想为指导，深入学习贯彻习近平法治思想，认真学习宣传"双百政法英模"的先进事迹，大力营造崇尚英模、学习英模、争当英模的良好风尚，为肩负起新时代政法队伍职责使命激发内在动力、汇聚强大精神力量。

　　各级政法机关大力弘扬政法英模精神，深入开展英模教育，层层选树宣传政法英模感人事迹和崇高品质，在全社会展现了政法队伍的时代楷模、时代正气、时代风采。经各地各政法单位推荐，中央政法委评选闫相华等 200 名同志为"双百政法英模"。他们的先进事迹集中体现了政法干警听党指挥、忠诚使命，司法为民、护航发展，恪守法治、维护正义，廉洁公正、担当奉献的优秀品质和崇高精神，是全体政法干警学习的楷模。

　　为进一步扩大英模先进事迹的传播力、引导力、影响力，我们对 2022 年 2 月至 10 月刊发于《法治日报》的"双百政法英模"个人简介和先进事迹进行了修订并结集为《双百政法英模先进事迹汇编》。各级政法机关要把学习宣传"双百政法英模"先进事迹与贯

彻落实党的二十大精神、深化党史学习教育、巩固深化政法队伍教育整顿成果紧密结合起来，加强组织领导，精心安排部署，讲好他们的感人故事，学习践行他们的崇高精神，迅速掀起学习宣传政法英模的热潮，激励广大政法干警以英模为榜样，强化使命担当，忠实履职尽责，奋力推进新时代新征程政法工作现代化，为全面建设社会主义现代化国家、全面推进中华民族伟大复兴贡献力量。

中央政法委宣传教育局　中央政法委政法队伍建设指导局

2023 年 1 月

目 录

党委政法委系统

法院系统

🛡 检察系统

🛡 公安系统

🛡 国家安全系统

（25 名，略）

🏵 司法行政系统

党委政法委系统

（10 名）

闫相华　争当新时代为民服务"孺子牛"

闫相华，河北泊头人，1974年9月生，1994年9月参加政法工作，中共党员。现任河北省沧州市新华区委常委、政法委书记。曾获得"河北省先进工作者""河北省精准脱贫优秀驻村第一书记""河北省扫黑除恶专项斗争表现突出县处级干部"等称号，荣立个人一等功1次。

　　28年，闫相华一直坚守在政法战线，始终保持对党的绝对忠诚，守初心、担使命，将工作严格落实到推动新时代政法工作高质量发展的实践中。

　　2020年初，面对突如其来的新冠肺炎疫情，闫相华主动请缨，为了群众的安危，舍小家顾大家，连续两个月坚守一线岗位，中途没有回过一次家。其间，他与新华区的干部们深入街道、社区进行督导、走访、调研，收集大量基层疫情防控资料，努力把疫情防控工作经验固化下来，形成长效机制。

闫相华以市域社会治理现代化试点工作为契机，牵头建立以党建为引领，以"街道—社区—基础网格"为三级平台，以"社区党组织、居委会、业委会、楼院长、物业公司、综合服务站"六方力量为支撑的"136智慧网格管理体系"基层社会治理新模式，组织研发上线"民意快递"APP，形成发现问题由下而上、处置事件层层分解的高效联动体系，通畅了民生诉求渠道，降低了安全风险隐患，有效提升了群众的安全感和满意度。

2018年初，为期3年的扫黑除恶专项斗争开始后，闫相华负责沧州市扫黑除恶专项斗争的组织协调等工作。不足2平方米的办公桌就是他的"主战场"，为了确保扫黑除恶专项斗争扎实有序开展，他通宵达旦起草各类文件，办公室同事亲切地叫他"长明灯"。

2016年2月，闫相华到沧州市献县韩村镇中大屯村任驻村工作队队长、第一书记。他带领工作队员们走街串户，摸底建档，对贫困户进行结对帮扶，积极与当地医院联系，协调医院和村里建立结对帮扶关系，定期为村民们义诊。一年多里，他尽心尽力地帮助贫困户，村民们都为他竖起大拇指，称赞不已。

他就是这样一个人，把根深深扎进广袤的政法土地，不断追寻初心、服务百姓，用实际行动践行着新时代政法干部的铮铮誓言。

潘雪明　用心用情做好"一件事"

潘雪明，上海青浦人，1971 年 2 月生，2016 年 3 月参加政法工作，中共党员。现任上海市青浦区徐泾镇党委副书记。曾获得"上海市新长征突击手""上海市社会治安综合治理先进个人""青浦区'推进基层党建'优秀党务工作者"等称号，荣立个人三等功 1 次。

"稳扎稳打、着眼当前，未雨绸缪、着眼未来"，这是潘雪明在工作中的座右铭。在负责上海市青浦区西虹桥地区和徐泾镇政法工作后，他始终坚持用心用情做好"一件事"。

青浦区徐泾镇地处长三角绿色生态一体化发展示范区，中国国际进口博览会经常在此地举办。潘雪明为了保障每次的进博会能够安全有序进行，提出"零事故、零滋扰、零肇事"的社会治安防控要求，多次组织工作人员对治安复杂、安全隐患多、矛盾突出的地区进行整治攻坚，建立"展会保障三级响应模式"，成立徐泾镇基层巡查网格，确保服务保障工作"行有方向、干有动力"。

潘雪明通过构建徐泾镇"1+2+5+34"城市运行指挥体系，采取"7×24"小时全覆盖的工作模式，统筹区域内行政执法力量巡查街面，高效处置小区、街面等不同管理单元的各类疑难事件。在第一届中国国际进口博览会举办前夕，距离国家会展中心300米的地方发生地面塌陷事故，造成交通堵塞，他迅速启动应急处置机制，成功将交通影响和社会舆情降到最低。

市域社会治理现代化试点工作中，他坚持"创新治理体制、创新工作布局、创新治理方式"工作模式，有效将徐泾镇镇级政法队伍与村居二级政法力量有机结合，实现了从"分兵单干"到"集团作战"的转变，完成全镇92个小区、22栋单位楼宇、3个宗教场所、1个自然村落、1家医院的智慧安防建设及4085户农村租赁房小技防建设，有力保障了疫情防控和进博会期间社会治安的稳定。

进博会举办期间，潘雪明坚持"矛盾不出展，服务不缺位，法治有保障"的工作理念，成立徐泾镇进口博览会联合调解中心，为进博会提供线上、线下和多元高效的多语种法律服务。第四届中国国际进口博览会举办期间，共化解各类矛盾纠纷150件，涉及金额487余万元，提供法律咨询500余人次。

潘雪明在信访工作中提出，"我们要带着感情去做工作，将工作落实在行动上，体现在成果上"。他将信访工作由"上访"变为"下访"，将"下访"优化为"家访"，达到了矛盾实体化解率大幅提升的效果。潘雪明还积极探索长三角地区信访工作协商联动的新思路、新方法，切实改变事发地政府信访工作异地化解交流难、稳控难的现状。

薛国强 实干担当的"人民好干部"

薛国强，江苏常州人，1965 年 9 月生，1988 年 8 月参加政法工作，中共党员。江苏省常州市天宁区委政法委原副书记。2017 年 6 月 18 日，因病医治无效离世，年仅 52 岁。曾获得"江苏省人民满意的政法干警"等称号，荣立个人二等功 1 次、三等功多次，荣获常州市五一劳动奖章。

从事政法工作近 30 年，薛国强长期奋斗在政法、信访等战线，始终坚持对党忠诚、为民服务的初心，工作中他主动作为、勇于担当，是当地群众心目中"实干担当的丰碑""人民的好干部"。

薛国强任职期间，天宁区连续多年获评"江苏省平安区"，群众安全感、法治满意度多年名列全市前茅。他尽心尽力为群众办好事、办实事，推进建立常州市首个社会治理联动指挥平台、涉众经济犯罪防控机制、易肇事肇祸精神障碍患者社会危害风险等级评估体系，建成 200 多个智能"放心车库"，打通服务群众的"最后一公里"，提升了市民的获得感、幸福感、安全感。

薛国强情系百姓，对上门的群众最常说的一句话是"我来帮你想办法"，另一句话是"我们一起来解决"。他的手机号是公开热线，办公室是"群众接待室"。

何小成夫妇因红菱塘店面房被强拆，2007年起不断上访。做足了"准备耗一辈子也要讨个说法"的他们，与薛国强第一次见面就被感动了。薛国强耐心听他们讲了四个多小时，依法依理为何小成夫妇剖析问题，引导二人理性解决问题。此后，他还积极帮助夫妻俩解决外孙入学、女儿就业问题。2016年，何小成夫妇的正当诉求得到解决。

在星球电子搬迁、巾被总厂破产案、路桥市场整治、龙汇路施工等群体性事件现场，薛国强总是冲在最前面，挑最难打交道的群众做工作，啃下了无数个难啃的"硬骨头"。

在生命的最后三个月，薛国强即使腹腔积液凝固、腹胀如鼓，依然在电话里过问纠纷处理的进展情况，帮助完善预案，并连续协调解决几个老上访户的问题。薛国强以对党的绝对忠诚、对事业的执着追求和对群众的无限深情，用生命诠释了"人民好干部"的实干和担当。

卓玉宝　生命在奉献中闪光

卓玉宝，浙江玉环人，1965年3月生，2006年10月参加政法工作，中共党员。现为浙江省台州市玉环市大麦屿街道办事处综治干部。曾获得"全国先进工作者""全国社会治安综合治理先进工作者""浙江省担当作为好干部""法治浙江建设十周年先进个人"等称号。

帮人建房子摔伤了，雇主却不肯赔偿，他伸出了援手；土地纠纷错综复杂，涉及多个所有人，他理出了头绪……从2006年担任街道综治办主任以来，卓玉宝主持调解的疑难矛盾纠纷超过800件，累计涉及金额达9500余万元。他说，做平安综治工作，说到底就是做群众工作。他的秘诀就是用真心与人打交道，将心比心，说之以理、动之以情；一次不行，就再来一次，直到把事办结。

在卓玉宝的带领下，大麦屿街道建成浙江省首个宗教场所反邪教警示教育阵地，连续十年被评为台州市平安综治先进集体。

2015 年 5 月，由于长期高强度的工作，全身无力、食欲减退、肝部连续性疼痛等症状频频袭来。但由于手头工作繁多，去医院体检的事情一拖再拖。当年 10 月，疼痛难耐，他来到医院检查，不幸确诊肝癌。住院期间，卓玉宝还牵挂着工作，一直通过手机与同事联系，帮助他们化解遇到的难题。出院后，他仅在家休养了 3 个月，便重新回到了工作岗位。

2017 年，因为身体原因，卓玉宝从干了 10 年的综治办主任岗位上退了下来。在填写《退出现职领导岗位干部领办实干项目意愿表》时，他一连勾选了五六个项目：参与重点工程建设；矛盾纠纷调解；帮带年轻干部……

也是在这一年，卓玉宝带头成立了以自己名字命名的工作室，成为当地综治工作的"老师头"，全街道 92 名网格员成为他的徒弟。多年来，他将自己所学所获向大家倾囊相授，培养出一批综治人才，街道综治力量不断壮大。

投身一线多年，大麦屿街道的大街小巷留下了卓玉宝急促有力的足迹，记录下他风尘仆仆的身影。在一件又一件为民实事中，卓玉宝厚植人民情怀，践行为民初心。

刘长征　用忠诚担当守护万家安宁

刘长征，山东济宁人，1972 年 8 月生，1995 年 7 月参加政法工作，中共党员。现任山东省济宁市委政法委安保维稳办主任、扫黑办专职副主任。曾获得"全国扫黑除恶专项斗争先进工作者""齐鲁政法英模""山东省社会治安综合治理先进个人"等称号。

"以后再不用受憋屈了，这次扫黑除恶专项斗争行动净化了嘉祥县沙市场经营环境，恶霸终于被抓，真是大快人心……"2019 年 12 月，山东省嘉祥县的于某臣等人被以组织、领导黑社会性质组织罪等罪名分别判处有期徒刑。消息传出，周边群众奔走相告，无不拍手称赞。

济宁市扫黑除恶专项斗争行动开展以来，刘长征充分发挥市扫黑办组织、谋划、协调、督办作用，积极组织筹备各类会议 280 余次，研究制定重要文件 77 份。他敢于亮剑、迎难而上，工作认真踏实，身边同事亲切地喊他"老黄牛"。

2018年6月，刘长征组织开展了为期半年的"两重"领域扫黑除恶雷霆行动，严厉打击"建筑霸""沙霸""矿霸"等各种霸头黑恶势力。行动开展后，济宁市扫黑办接到群众举报，于某臣纠集人员，在嘉祥县通过寻衅滋事、强迫交易、敲诈勒索等违法犯罪手段，涉足当地沙场、牛羊市场、环卫车密封盖生产销售、建筑工地门窗砂石料供应等行业，非法垄断经营、收取"保护费"，扰乱行业正常发展，阻碍市场自由竞争，当地群众敢怒不敢言。

收到案件线索后，刘长征迅速统筹市县扫黑办成立专案组，对举报线索全面开展核查。核查过程中，形成既各司其职又通力协作的强大合力，历经半年调查取证，最终掌握了于某臣涉黑涉恶团伙的犯罪证据，将16名骨干犯罪分子抓获。2019年12月，于某臣等人被以组织、领导黑社会性质组织罪等罪名分别判处有期徒刑。

这是济宁市扫黑除恶雷霆行动取得的重大战果，该案的成功侦破，极大地改善了当地营商环境，提升了广大群众的获得感、幸福感、安全感。

除此之外，刘长征在肩负扫黑除恶专项斗争工作重任的同时，安保维稳、矛盾排查化解等工作也是"一肩挑"。其间，成功化解消除一批影响社会安全稳定的敏感案事件和风险隐患。

刘长征，正如他的名字一样，漫漫征途，从未止歇。凭着对政法工作的热爱，坚持"白+黑"、"5+2"、全年无休的工作模式，默默守护万家安宁，用自己的实际行动彰显了一名共产党员的忠诚和担当。

黄小兵　铁血卫士铸忠魂

黄小兵，瑶族，湖南江华人，1967年8月生，1986年1月参加政法工作，中共党员。湖南省永州市蓝山县委政法委原书记。2017年2月16日，在工作中突发疾病，经抢救无效，不幸离世，年仅49岁。被追授"湖南省优秀共产党员"称号。

2007年7月24日，湖南省永州市蓝山县城的一声枪声震惊全国——因利益纠纷"周祖刚涉黑团伙"在街头火并引发命案，公安部挂牌督办。时任永州市公安局刑侦支队政委的黄小兵临危受命，带领专案组挺进蓝山，在经历生死较量后，终于将这个黑恶组织连根拔起，一举抓获犯罪嫌疑人44人（其中，判处死刑2人、死缓2人、无期徒刑1人）。

当时，治安混乱的蓝山县急需得力干将，组织提出将黄小兵平调到蓝山县公安局任政委。从城里到乡下，去一个人人都知道的"乱地儿",黄小兵明知是舍近求远、舍优求劣的安排,他的理解却很朴素:共产党员就要让党放心,党叫干啥就干啥!

在和家人充分沟通后,黄小兵毅然"披袍上阵"。在多年高负荷、高要求、高风险的履职生涯中,黄小兵任劳任怨,尽心尽力,即使因患心脏疾病,医生多次建议休养,不宜繁重工作,他也从未向组织提过一次换岗、升迁要求。

黄小兵家人分居三地,聚少离多。他到市里出差开会,经常过家门而不入。春节期间值守,他总是让其他同志回家过年而自己留下来,在蓝山县工作的10年里,他连续10个春节都在岗位上度过。他舍弃自己小家团聚,换来了蓝山县万家团圆。

黄小兵在蓝山县工作期间,全县综治民调从全省倒数第一跃居全省第一方阵,蓝山县城由乱到治,气象一新。因工作成绩突出,他被湖南省公安厅、永州市委市政府记功表彰7次,多次通令嘉奖。

对党忠诚,是共产党人首要的政治品质。黄小兵把对党忠诚看得比生命还重要,已融入血脉、铸入灵魂。

张文超　敢打硬仗的"政法硬汉"

　　张文超，广东江门人，1980 年 7 月生，2002 年 7 月参加政法工作，中共党员。现任广东省恩平市委政法委副书记。曾获得"广东省优秀共产党员""江门市防范邪教工作先进个人""江门市优秀共产党员""江门市扫黑除恶专项斗争先进工作者"等称号，荣立个人三等功 1 次。

　　工作 20 年，张文超没有休过一天年假；在新冠肺炎疫情防控关头，他突发脑梗，因牵挂抗疫一线的同事们，在入院第九天后又重返工作岗位……他这种爱岗敬业、勇于担当、无私奉献的工作精神，被同事和当地群众称赞为"政法硬汉"。

　　"永远跟党走。"这是张文超对政法事业的信仰。

　　2020 年，面对突如其来的新冠肺炎疫情，张文超主动放弃春节休假，回到工作岗位，挑起了恩平市疫情防控网格化管理的大梁。他带领同事将恩平市 11 个镇街、174 个村（社区）划分为 1558 个网格，组建起 5700 多人的网格员队伍。

张文超白天和同事深入田头街巷摸排情况，晚上伏案整理数据和资料，饿了就吃方便面、饼干，困了就躺在办公室沙发上眯一会儿继续工作。

最终，在他和同事的努力下，恩平市很快就建立起五级"网格化"疫情防控体系，筑牢了疫情防控"防火墙"。

超负荷的工作透支着他的身体，2020 年 2 月 29 日，因过度劳累突发脑梗，张文超被送进了 ICU，经过几天抢救才转危为安。在医院才跨过"鬼门关"的他不顾医生及家人劝阻，迅速投入工作。

他心系群众，牵挂同事。为了守住社区疫情联防联控，保障社区居民生命健康安全，他铆足了劲，不顾一切地把工作做实做细。

后来的一年多，张文超每天仍要坚持服用多种药物，无论如何，他都坚守岗位，一刻不肯松懈。

张文超用自己的实际行动践行着人民至上的初心和使命，用忠诚、实干、奉献矢志不渝为民服务，向全社会展现出新时代政法干部的时代楷模、时代正气、时代风采。

文国云　用实际行动践行党员初心和使命

　　文国云，四川内江人，1982年12月生，2016年4月参加政法工作，中共党员。现任四川省内江市委政法委专职委员。曾获得全国首届"十佳大学生村官"，以及四川省"记一等功公务员""内江市优秀共产党员""内江十大杰出青年""内江市法治建设先进人物"等称号。

　　文国云在平凡的岗位上孜孜以求、兢兢业业，用实际行动诠释了一名共产党员、一个政法人的使命和担当。他政治立场坚定，对党忠诚，爱国为民。

　　工作初期，文国云积极投入社会主义新农村建设实践中，把群众当亲人，与村民同吃同住同劳动，聚焦村情社情民情，敢于破难勇闯新路，创建了困难村民帮扶项目——同心帮扶基金，促进了农村养殖业增产增收，提高了困难村民的经济收入，改善了村民的生活水平。

"5·12"汶川特大地震发生后，他主动请缨参加抗震救灾突击队，四进重灾区"孤岛"绵阳市安县区茶坪乡，背负50余斤重的救灾物资，翻越山体断裂海拔数千米的高峰，穿越余震不断山体滑坡的"死亡谷"，救援转移灾民110余人。救援中，他的左脚掌被铁钉刺破鲜血直流，右小腿伤口感染出现严重化脓，数次因脱水而晕倒，但他没有退却，拖着疲惫的身体依然坚守在一线，积极投身抗震救灾和灾后恢复重建工作中，及时挽救了灾区人民生命财产安全，稳定了民心。

2020年初，新冠肺炎疫情突如其来，文国云敢于担当，冲锋在前，为打赢这场疫情防控阻击战，探索组建"内江政法先锋队""矛盾纠纷排查化解服务队"，积极宣传疫情防控知识，为群众答疑解惑，化解矛盾纠纷。

他心里时刻装着群众，为了保安全、护稳定、破难题、解矛盾、促发展，创新"3455"维稳工作法、设置"1+5+18+N"协同工作机制，成功化解了一批因突发事件引发的安全隐患和疑难案件，为维护社会稳定、建设平安内江作出了重要贡献。

在党务工作中，文国云常常埋头文稿写作，奋笔勤耕，被称为"党办尖兵"，在《人民日报》累计发文90余篇。

他用实际行动践行了共产党员的初心和使命，坚持为民服务，不断提升当地群众的获得感、幸福感、安全感。

李红霞　一心为民的"好委员"

李红霞，甘肃张掖人，1982年4月生，2004年10月参加政法工作，中共党员。现任甘肃省张掖市司法局人民参与和促进法治科副科长。曾获得"全国青少年毒品预防教育'6.27'工程优秀校外辅导员""创建全国禁毒示范城市先进个人""甘肃省张掖市甘州区优秀公务员"等称号。

社区无大事，群众无小事，只要群众有需要，我将全力以赴——这是李红霞对待工作的态度。她用真情赢得了群众的信任，拉近了与群众的关系，维护了辖区和谐稳定。

李红霞所在街道辖区内，有这么一对邻居，他们因楼上漏水问题互相埋怨，积怨很深。为了化解邻居间矛盾，维护社区稳定，李红霞主动帮助两家修补了漏水的地方，然后动之以情、晓之以理，为两家人做思想工作，消除双方积怨。最终，在经过多次思想沟通和交流后，两家人终于放下了多年恩怨，握手言和。

多年来，李红霞始终坚守对党负责、对人民负责的信念，仅2021年就成功化解各类矛盾纠纷案件共134件。

基层政法工作千头万绪，政法委员既是领导者，又是协调者，更是矛盾解决者、稳定维护者。通过入户走访，李红霞发现南街辖区有一名小儿麻痹症患者，曾因诈骗罪进过监狱，刑满释放时已经41岁，出狱后因生活没有收入来源，日子过得很困难。

为了防止困难群众因为生活困苦再次走向犯罪道路，李红霞主动联系同事到民政、人社、就业部门了解情况，为他争取工作岗位。

如今，这名困难群众被安置在公厕管理员的岗位上，除了单位交的养老金、失业金和医疗保险金外，每月可以领到1400元的工资。李红霞说："看着一件件棘手问题得到圆满解决，我的心里盛满了暖暖的成就感。"

新冠肺炎疫情暴发后，李红霞带头守卫路卡，巡查楼院，动员群众，组织志愿者运送物资、检测体温，用高度的政治站位，不折不扣执行上级政法委和街道党委的各项要求，在打赢新冠肺炎疫情防控阻击战中发挥了一名基层政法工作者应有的先锋模范作用，确保了南街街道的安宁稳定。

李红霞对吸毒、刑满释放、社区矫正等重点人员，采取"帮教为手段、安置为重点、稳定为目标"的工作办法，解决特殊人员在就业、家庭、婚姻等方面存在的困难和问题，帮助他们尽快融入社会，有效遏制了他们再次违法犯罪。辖区的百姓亲切称呼李红霞为"人民的好委员"。

王红星　用生命守护边境，用奉献谱写忠诚

王红星，甘肃平凉人，1968年2月生，2017年12月参加政法工作，中共党员。新疆维吾尔自治区阿勒泰地区青河县委政法委原书记。2018年8月9日，因病医治无效离世，年仅50岁。曾获得"改革开放40周年政法系统新闻影响力人物""阿勒泰地区优秀共产党员"等称号。

2017年12月，王红星担任青河县政法委书记。在职的9个月时间里，他不辱使命，时刻把社会稳定和长治久安总目标牢记在心。他忠诚履职、敢于担当，以直面困难的胆识、舍我其谁的气魄、笃定前行的信念，尽心竭力打好反恐维稳"组合拳"。

面对青河县边境线长、区域复杂的严峻形势，他坚决按照打赢一场边境防控人民战争的要求，夙夜在公、埋头苦干、无私无畏、顽强拼搏。青河县259.4公里边境线上的每一处边防设施都留有他的足迹。

"只有留得住人，才守得住这道防线。"这是王红星经常对同事们说的话。

以前，护边员日常生活所需的水、面、油等基本生活用品，都要从 100 公里外的塔克什肯镇运来。运水车从镇上一周来一次，经过一路颠簸，车上的水有时仅剩一半，有时更少。如果遇到大雪封路，基本的生存都难以保障。

为了改变落后面貌，王红星亲赴边境一线，多次深入调研，夜以继日会商建设边境便民警务站方案。施工队克服高寒缺氧等恶劣条件，仅用 3 个月就在边境线上建成 39 座边境便民警务站。

"如今，边境警务站早已全部通了水，王红星书记却没来得及喝上一口。"青河县委政法委常务副书记薛义瑞落泪说道。

2016 年，王红星分管青河县脱贫攻坚工作。为了打赢这场脱贫攻坚战，他每月至少要到 22 个重点贫困村调研一次。他把易地扶贫搬迁作为脱贫攻坚的首要任务，在阿魏灌区建成全疆最大的易地搬迁点阿格达拉镇，使长期生活在山上、生活条件恶劣的贫困群众，搬进了交通便利、设施完备的新家园。

他心系百姓，一心为人民，用实际行动践行了一名共产党员对党、对祖国、对人民的忠诚誓言，用生命谱写了一曲一心为民的时代赞歌。

法院系统

（*40*名）

刘　黎　百姓信赖的人民法官

刘黎，河南南阳人，1977年6月生，2002年7月参加法院工作，中共党员。现任北京市朝阳区人民法院党组成员、政治部主任。曾获得"全国优秀共产党员""全国先进工作者""全国模范法官""全国维护妇女儿童权益先进个人"等称号，荣获全国五一劳动奖章。

"法官这份职业，注定永远走在公平正义的道路上。我们有义务和责任，把公平正义送到百姓的心里，让其成为法治中国的鲜明底色！"这是刘黎的信念。

2006年9月，她被调入北京市朝阳区人民法院奥运村法庭，成为一名民事法官，并很快成长为庭里的骨干。多年来，刘黎扎根基层人民法庭，共审结民事案件5000余件，涉及当事人上万名。老人误入"吃人井"坠亡案、北苑家园命案家属要求换凶宅案、涉地铁15号线大屯站搬迁租赁合同纠纷案……在刘黎的法槌下，很多判决成为经典案例。

在刘黎心中，法官不仅仅是一种职业，更意味着一份沉甸甸的责任。担任朝阳区人民法院政治部主任后，刘黎肩上的担子更重了，她将锻造绝对忠诚、绝对纯洁、绝对可靠的基层法院队伍作为工作重点。在党史学习教育中，围绕"学党史、悟思想、办实事、开新局"总体要求，刘黎紧密结合法院工作实际，活用支部工作经验，组织各党支部将"街乡吹哨、部门报到"同"我为群众办实事"深度结合，研究拟定"我为群众办实事"实践活动工作指引和实事清单，精准回应人民群众的司法需求，真正做到崇德力行。刘黎说："其实让百姓信任并不难。只要尊重他们，设身处地地体谅他们，真心实意地帮助他们，群众自然感受得到。"

刘黎相信，法治信仰是不断生长的。"作为司法工作者，要让百姓在参与诉讼的全过程感受到司法的温度和法治的力量，规范的庭审、完整的程序、公正的判决和耐心的答疑等都在潜移默化地使群众相信法治。"刘黎说，法官也要主动走出法庭，深入学校和社区，讲好法治故事、传播法治声音。

赵 鑫　勇做公平正义的急先锋

赵鑫，江苏南通人，1983年5月生，2010年7月参加法院工作，中共党员。现任北京市大兴区人民法院执行局副局长、四级高级法官。曾获得"全国先进工作者""全国人民满意的公务员""全国模范法官""全国法院办案标兵""全国法院最强执行干警"等称号。

让申请执行人信赖法律，让被执行人信服法威，让全社会信仰法治，是赵鑫不懈追求的目标。

工作12年来，赵鑫始终坚守执行一线，带领团队累计执结案件1万余件，执行到位金额超过15亿元，办理了知名网络歌手欠款案、八旬老太医院霸床案、涉北京大兴国际机场建设工程疏解腾退案等一批社会关注度高、风险性大、关系区域发展大局的疑难复杂案件。

执行难攻坚战，难就难在大要案和新类型案件。赵鑫不畏挑战，敢于碰硬。面对难案，"没问题，这个案子我来想办法"是他说得最多的话。为更好地服务辖区中心工作开展，切实承担起新时代的光荣使命，赵鑫带领团队成立"拆迁＋腾退"、涉众劳动纠纷、涉营商环境、涉扫黑除恶执行小队，以"三最标准"落实执行工作。新冠肺炎疫情暴发后，赵鑫团队坚持防疫和办公两不误，开启"云执行"模式。仅半个月，团队累计结案 110 件，接听当事人电话 240 余个，线上回复留言 25 条，冻结银行账户 300 余个，对 100 余名被执行人采取"限高"措施，网络拍卖成交房产 5 套。其间，为了支持定点收治医院全力投入防疫工作，同时保障申请执行人的合法权益，赵鑫团队 48 小时内紧急解冻了 1000 多万冻结资金，并促成双方当事人和解，取得了良好的法治效果和社会效果。2020年 4 月底，赵鑫团队完成 9 件涉及疏解整治促提升的腾退案件，共腾退公寓楼 10 栋，房屋 400 余间，总面积超 1 万平方米。为保障复工复产，服务"六稳""六保"提供有力支持。

　　12 年的执行工作历练使赵鑫深刻认识到，做好执行法官，既要"用心"，也要"用情"，要把百姓装在心里，要把责任扛在肩上，努力实现让人民群众在每一个司法案件中感受到公平正义的工作目标。

包津燕　扎根审判一线，为民排忧解难

包津燕，浙江东阳人，1968 年 8 月生，1990 年 7 月参加法院工作，中共党员。现任天津市滨海新区人民法院北塘中关村科技园中心互联网法庭庭长、三级高级法官。曾获得"全国先进工作者""全国模范法官""全国法院办案标兵""全国三八红旗手"等称号。

扎根审判一线，办理众多棘手案件，年平均结案数 200 件以上，无一错案、无一信访，调解结案率达 70%——这是滨海新区人民法院（自由贸易试验区法院）北塘中关村科技园中心互联网法庭庭长包津燕工作 32 年来交上的一份答卷。

"如果我们对辖区社情民意不熟悉，就不能解决好群众的问题。只有用老百姓能接受的方式解纷释法，才能真正化解矛盾。"包津燕说。

2017 年 3 月，包津燕积劳成疾，住院治疗期间，接到院里组建滨海新区人民法院知识产权庭的通知，她出院后第二天即回到新的岗位上着手知识产权庭的组建工作。她一切以大局为重，始终把工作放在首位，敢于担当，甘于奉献，从不计较个人得失。短短 3 年里，滨海新区人民法院知识产权审判工作取得良好成绩，其中有 2 件案件入选全国知识产权 50 大典型案件。

转战知识产权审判工作后，2017 至 2020 年共审理各类知识产权案件 1210 件，赢得了各市场主体、创新主体的一致好评，并开创了多个第一。

包津燕曾经审理了全国首例涉及中国移动"魔百和"OTT 和 IPTV 业务的纠纷，明确了"魔百和"的业务性质。该案被评为 2019 年全国 50 大典型案件，法律文书获得天津市优秀文书一等奖。

在一起知名车企所涉及的"拼装车"出口侵害商标权案件中，国内尚未有先例性判决，她积极引入"外脑"，取得了高质量审判效果。

她还推动建立起天津市第一家"互联网在线庭审"诉讼平台，形成和完善了滨海新区人民法院特色的互联网在线庭审规则。

"回顾这些年来我审理过的案件，不敢说每个案件都能令人满意，但可以肯定的是，在每个案件审理过程中，我无不满腔热情、全心全意地为群众化解矛盾纠纷，为他们排忧解难。"包津燕说。

赵江辉　生命定格在扶贫路上

赵江辉，河北晋州人，1970年4月生，1993年7月参加法院工作，中共党员。河北省高级人民法院刑事审判第一庭原庭长，曾被选派到丰宁满族自治县选将营乡任经堂村第一书记。2017年11月19日，因病离世，年仅47岁。曾获得"河北省精准脱贫优秀驻村第一书记"称号。

"咱得想法办些事，不然对不起组织交给咱的任务。"在赵江辉手机中，保留着一张A4纸的照片，纸上写着："成立合作社，建大棚，确保按农时进行……修路、路灯项目有待进一步落实……下一步拟在9、10月份试种油牡丹……"

这是2016年8月31日，赵江辉生前最后一次离开经堂村时，随身携带的一份帮扶工作情况及计划的底稿。

"经堂经堂，穷个叮当。"这是当地乡里多年流传的一句俗语，也是经堂村曾经的写照。

"要让村子早点脱贫，让乡亲们早点过上好日子。"这是赵江辉常挂在嘴边的话。在经堂村驻村扶贫期间，他带领扶贫工作组的同志走访、摸底，为村里选项目、跑资金。在发展产业经济的同时，联系县里的扶贫办、教育局、交通局等部门帮助改善村里的基础设施建设，让经堂村在短短一年时间里发生了翻天覆地的变化。赵江辉带着 28 户贫困户成立农业合作社，引进技术，建起大棚种植网纹瓜，村里 148 户贫困户中脱贫 110 多户。他用行动诠释了一名扶贫干部的为民情怀和使命担当。

在此之前，赵江辉的身体已经有了不好的征兆。2016 年 4 月 11 日晚，赵江辉赶去处理一起村民纠纷，心急火燎往外走，一个趔趄摔倒，腰疼得直不起来。他开始没把腰疼当回事，后来腰疼加剧，连走路都困难。村干部和同事也劝他到医院仔细检查，他执意不肯，说："不能错过农时，忙完了再去看病。"

2017 年 10 月，赵江辉病情恶化。在最后的日子里，高烧迷迷糊糊，他还反复念叨："我的任务完成了吗？"2017 年 11 月 19 日，在与病魔抗争一年多后，赵江辉永远闭上了眼睛。

李立华　有力度有温度的执行法官

李立华，河北沧州人，1977年10月生，1999年9月参加法院工作，中共党员。现任河北省沧州市盐山县人民法院审判委员会委员、执行局局长，一级法官。曾获得"全国优秀法官""全国模范法官""全国法院先进个人""全国法院办案标兵"等称号。

1999年，李立华来到河北省沧州市盐山县人民法院，从事刑事和民事审判工作。2016年春节后，伴随着法院"基本解决执行难"战役的全面打响，李立华调到了执行岗位。

"大姨，您放心，您的案子我一定尽全力去办。"被李立华亲切地称为"大姨"的这名女士，是她的申请执行人王某，也是李立华到执行岗位后接待的第一位申请执行人。当时，王某申请执行了一件借款纠纷案件，半年多过去了，案件毫无进展。她听说案子换了执行法官，就带着情绪来找李立华。李立华向她承诺："您放心，我一定尽快为您执行回欠款。"李立华说到做到。她费尽周折，在一个月内将此案执行完毕。

李立华不仅对王某的案件如此，对所有案件都是尽全力去办。"我是为法律而生，多为人民办案，全力去维护人民群众的合法利益，我的工作才有价值。"这是李立华经常挂在嘴边的一句话。有些案件看起来已经是"死案"，但李立华不会轻易放弃，而是去寻找"生机"，直至将案件"救活"。"能解开的结，绝不用刀切"是李立华的办案座右铭。对于矛盾冲突激烈的案件，她都会从情理入手，疏导情绪，不惜时间和精力上门做工作。

在她眼里，只要是关乎群众利益的案子，她都会一丝不苟地投入。敢办难案、善办难案是同事们对她的客观评价。"法官是正义的化身，执行就是实现正义的战场！"她不徇私情，廉洁公正，深受群众称赞。争取用最短的时间、最大的实效，去为人民群众解决问题，执结了一大批"钉子案""骨头案"。

田亚欣　大槐树下好法官

田亚欣，山西洪洞人，1972年5月生，1993年10月参加法院工作，中共党员。现任山西省临汾市中级人民法院家事庭庭长。曾获得"全国优秀法官""全国模范法官""山西省最美基层干部""山西省五一巾帼标兵"等称号，荣立个人二等功2次。

　　判决不是终点，为当事人了心结，审判工作才算画上句号——这是田亚欣一以贯之的审判理念。无论案件大小，能使法律效果、政治效果、社会效果有机统一成为她办案的最终追求。

　　田亚欣将走村入户、深入田间地头、广泛接触群众、了解百姓疾苦、倾听群众呼声作为自己生命的一部分，带着自己的团队几乎跑遍了辖区的每个角落。她用最朴实、最接地气的方式办案，用群众看得清听得明的方式审案，潜移默化地引导当事人进行良性诉讼，用心让人民群众体会到人民法官俯首甘为孺子牛的公仆情怀。她积极参与辖区社会综合治理工作，大力开展诉前矛盾纠纷的化解工作，搭建起了以法庭为中心，向各个乡镇辐射的诉调网络。把司法服务的触角延伸到最基层群众身边，真正做到了小事不出村，大事不出镇，事事有回应，纠纷有人解的良好局面。近30年来共审理各类民事、刑事案件3000余件，无一起错案，无一起上访、信访、投诉案件，服判息诉率达到100%，调撤率达到70%以上，主动履行率达到85%以上。

《民法典》《未成年人保护法》颁布实施后，田亚欣组织和带领中院21名年轻干警组成"春雨普法志愿者"，开展送法"五进"活动。她担任了13所学校的法治副校长，被市教育局聘任为"家校平安公益项目专家"。

对于孤寡老人，田亚欣更是倾注了大量心血，把他们当作自己的亲人一样对待。经她审理的赡养案件全部得以调解或撤诉，无一起进入执行程序。还有一起诉前调解的赡养案件，田亚欣从2015年一直回访帮扶到现在，现已成为一种割不断的习惯。正是这些最贴近民生烟火气的小案件长年累月一点点积累，彰显了司法的大担当，让人民群众切身感受到了公平和正义，田亚欣也被辖区百姓亲切称为"大槐树下好法官"。

王爱林　科尔沁草原上的"法官妈妈"

王爱林，内蒙古包头人，1979 年 8 月生，2004 年 4 月参加法院工作，中共党员。现任内蒙古自治区通辽市科尔沁区人民法院党组成员、副院长。曾获得"全国优秀法官""全国三八红旗手""内蒙古自治区优秀共产党员""北疆楷模""通辽市十佳法治人物"等称号。

"我知道我是什么人，我从哪里来。父母的嘱托，乡亲们的期盼，永远在激励我，无论在什么岗位，到什么时候，也不能忘记，我是一个农村孩子！"王爱林出生在内蒙古包头市土默特右旗沙海子乡西一间房村，从小就在心中种下了匡扶正义的种子。自从 2004 年她走进科尔沁区人民法院，为民服务的初心始终未改。

2015 年深冬的一天，王爱林在审阅高三学生小强寻衅滋事卷宗时，发现了案情以外的一件事。当时是高考网上报名关键时刻，如果错过，小强来年就不能参加高考。可原告尚未得到赔偿，矛盾未化解。时间不等人，王爱林紧急赶往几十里外小强家所在村子了解情况。原来，小强8岁时，父亲因车祸瘫痪。案发当日，小强的母亲无法忍受同村妇女的奚落而厮打，小强见状也上前参与。事后，那名妇女抵触情绪很大，拒绝调解。为了能从根源上化解矛盾，也为了小强能够返校备战高考，王爱林多次往返奔波，促使双方达成谅解。终于在报名期限截止前，小强顺利报上了名。案件审结后，王爱林一直跟踪回访，关注着小强的成长，接济着他的生活。后来，小强考上了沈阳铁路局，开始了新生活。

每次面对涉案未成年人，王爱林的心情总是极其沉重。怎样用心拉孩子一把，让孩子拥有全新的人生？庭前走访并进行心理辅导，庭审时最大限度消除被告人恐惧感，因案审理，因人施教。庭后跟踪回访考察……这位科尔沁草原上的"法官妈妈"，用春风化雨的韧劲，点亮了无数少年灰暗的人生。

"要始终做到心中有民，公正无私，努力解决群众最关心最直接最现实的利益问题；始终做到心中有责，乐于奉献，头脑清醒；始终做到心中有戒，守纪律讲规矩，清清白白做人，干干净净做事。"王爱林说。

滕启刚　心中时刻装着群众

滕启刚，辽宁鞍山人，1964 年 1 月生，1991 年 4 月参加法院工作，中共党员。辽宁省鞍山市千山区人民法院行政审判庭原庭长、四级高级法官。2021 年 6 月 4 日，在工作中突发疾病，经抢救无效，不幸离世，年仅 57 岁。被追授"全国模范法官""辽宁省优秀共产党员"等称号。

"一刻也离不开群众"，这是 1943 年毛主席给陕甘宁边区高等法院陇东分庭庭长马锡五的亲笔题词。马锡五担任庭长期间，始终把群众放在心上，执法严正，刚直不阿，他的审判方式被称为"马锡五审判方式"。

2021 年 6 月 4 日，57 岁的辽宁省鞍山市千山区人民法院行政审判庭庭长滕启刚积劳成疾去世，他让人们想起了马锡五。1991 年进入法院工作以来，滕启刚始终扎根基层，从刑事审判到民事审判，再到行政审判，岗位轮转，初心不变。他始终坚信，只要怀着司法为民的初心和秉持正义的决心，把案子办好，一定会得到百姓的信任和赞许。

就像"马锡五审判方式"给边区人民带来公平正义一样，滕启刚的"滕氏调解法"让千山群众感受到司法温度。同事王铋程说："马锡五下乡了解情况遇到农民下地归来，会把农民手中的牛绳接过来帮他拴好，等他休息一会儿才开始谈；滕庭长经常带着我们把法庭搬到农民家炕头，盘腿坐在炕上从拉家常开始。马锡五说，群众找上门来反映问题，是对你的信任，怎么可以拒之门外？滕庭长把自己的电话对外公开，随时接受群众咨询、倾听群众诉求。"

工作中，滕启刚始终不忘鼓舞和激励院里年轻人。去年年初，在新任员额法官宣誓仪式上，他作为老法官代表，寄语3位新任员额法官："从今天起，你们肩上的担子非比寻常。你们要接受人民的重托，担当使命，铿锵前行，秉持公平正义……"

"庭长是一位不知疲倦的、坚定的公平正义的守护者。他以生命践行使命，为公平正义奋斗一生。"滕启刚生前的法官助理傅兴说，"我们会牢记他的谆谆教导，把他的精神传承下去。"

谭贵林　槌起槌落守护公平正义

　　谭贵林，吉林四平人，1965年2月生，1995年8月参加法院工作，中共党员。现任吉林省四平市中级人民法院审判监督第一庭副庭长、四级高级法官。曾获得"全国先进工作者""全国优秀法官""全国模范法官""全国法院先进个人"等称号。

　　谭贵林经常说，选择了法官职业就是选择了责任。在谭贵林20多年的法官经历中，他始终坚守在审判一线，槌起槌落守护公平正义。他常说："为百姓排忧解难是我办好案件的最大心愿。"

　　2016年6月，四平某钢铁有限公司以企业不能清偿全部债务为由，向四平市中级人民法院提出破产清算申请。

　　"当时企业资产9.3亿元，负债49.4亿元，案件涉及430多位债权人、2000多名职工的饭碗以及他们身后的若干个家庭。有的债权人把全部家当投入该企业中，闻讯后情绪十分激动，甚至以死相逼。如果简单裁定该企业破产,债权人清偿率几乎为零,这可能关系到地方经济发展和社会稳定。这是一个难啃的'骨头案'。"谭贵林说,"虽然该案件根据《破产法》第二条的规定符合破产条件,但考虑到该企业的特殊性,我和合议庭没有急于下达宣告破产的裁定,而是向院领导提出进行预重整,适时准许企业生产自救、招募重整投资人,最终达到重整成功目的的审判思路。"

他每周召集破产企业负责人、破产管理人召开会议,吸收政府相关部门参加,研究推进破产企业的资产清查、资产审计评估、债权和债务的确认等工作,及时向投资人提供真实、准确的数据资料,解答有关疑问。在审理这起长达两年多的破产案件过程中,谭贵林常常是刚从审理案件的法庭走出来,又马不停蹄到市政府开会,共同研究企业重整的法律问题,处理相关法律事务。

2018 年 12 月 31 日,该钢铁公司重组成功。2019 年 1 月 1 日,大股东注入资金,在机器轰鸣声中,这家占据东北钢材市场半壁江山的老钢铁厂恢复生产,2000 余名职工重新上岗。

自 2013 年以来,谭贵林共审结经济纠纷类、知识产权类、破产清算类案件 980 余件,涉诉标的额 60 多亿元,得到当事人的普遍认可。

吕仙华 守护法理情的"双语法官"

吕仙华，朝鲜族，黑龙江鸡西人，1969年9月生，2004年8月参加法院工作，中共党员。现任黑龙江省鸡西市鸡东县人民法院党组成员、鸡林人民法庭庭长，一级法官。曾获得"全国优秀共产党员""全国优秀法官""全国法院家事审判工作先进个人"等称号。

"审判服务是解决矛盾的最后一道防线。"吕仙华说，"基层法院的工作虽然琐碎、繁杂，但更应该仔细倾听，妥善处理。"

2004年，吕仙华考入鸡东县人民法院；2011年，通过国家司法考试成为一名专职法官。2015年，鸡东法院在鸡林法庭组建了专门解决朝鲜族群众纠纷的审判团队，选派朝鲜族法官吕仙华到双语法庭工作。

为尽快胜任双语法官的角色，吕仙华多次外出参加培训学习，精心研究掌握朝汉两民族间的各种语言文字和生活特殊用语的规范转换。她的专业素质突飞猛进，庭审驾驭越来越熟练、法律适用越来越精准、文书制作越来越规范。在朝鲜族群众中，流传着这样一句话："要打官司就找吕仙华，输赢心里都踏实，因为她能听懂咱说的啥！"

自 2018 年鸡东法院家事审判改革工作开展以来，吕仙华作为家事审判团队审判长，带领鸡东法院家事审判团队开展了一系列家事审判创新工作。建立家事调查制度、财产申报制度、家事回访制度、心理疏导制度、婚姻挽救制度、人身安全保护制度、离婚生效证明制度、老年人精神赡养保护制度共八项工作机制，为推进家事审判改革工作提供制度保障。

在吕仙华的带领下，家事法庭转变审判方式，构筑家事纠纷新型审判模式，明晰家事案件审理流程、完善家事审判原则规则、打造复式庭审模式、扩大法官依职权进行调查取证的范围。2018 年以来，吕仙华共审理家事案件 1064 件，审结 1060 件，调撤 805 件，调撤率 75%，回访 56 件，发出人身安全保护令 4 份，离婚证明书 660 份，家事案件现场巡回开庭 32 件，委托家事调解员调解案件 39 件，对 6 件矛盾较大的案件试行委派家事调查员进行调查，有效维护了家庭和谐、社会稳定。

邹碧华　司法改革道路上的"燃灯者"

邹碧华，江西奉新人，1967年1月生，1988年7月参加法院工作，中共党员。上海市高级人民法院原副院长。2014年12月10日，在工作中突发疾病，经抢救无效，不幸离世，年仅47岁。曾获得"全国优秀共产党员""时代楷模""全国模范法官"等称号。

邹碧华始终秉持"做一名有良知的法官"的职业理念，依法公正审理了上海社保基金追索案、我国首例涉及英国皇家建筑协会JCT文本的建筑工程案、北方证券破产案、艾滋病群体诉讼案等一大批在全国具有重大影响的案件。他先后参与审理了社保基金追索案、房屋维修基金案等一大批全国瞩目的重大疑难案件。他规范设立上海法院系统"12368"便民服务热线，受到群众欢迎。

作为上海高院司法改革领导小组成员、司法改革领导小组办公室主任，邹碧华以前瞻性的改革视野、精深的法学素养、丰富的实践经验成为全国司法改革探路先锋。面对社会对司法改革的误解，面对需要协调的各方利益，他说："改革怎么可能不触及利益，怎么可能没有争议？"

邹碧华明确提出，司法改革的推进既要吃透中央精神，抓好工作落实；又要反对改革简单搞"一刀切"，最大限度凝聚改革共识，形成改革力量。为制定科学考核标准，他带领同事将上海4家试点法院所有法官5年来的人均办案量全部梳理一遍，研究提出案件权重系数理论并设计多项审判管理评估指标，为法院人员综合考评管理体系建设奠定坚实基础。为确保改革效果，他提出司法改革项目化管理理念，组织研究制定上海法院司法体制改革任务分解表，推动建立改革效果评估制度，通过动态跟踪、效果评估和信息反馈，实时研究解决司法改革进程中的问题。他创造性地将信息化手段、大数据、统计学理论等前沿技术引入司法改革，参与最高人民法院"审判权力运行机制改革试点""司法公开三大平台建设改革试点"建设，为上海法院司法改革试点乃至全国司法体制改革作出了突出贡献，被誉为司法改革道路上的"燃灯者"。

周　欣　铁面柔情"欣法官"

周欣，上海人，1971年6月生，1995年7月参加法院工作，中共党员。现任上海市黄浦区人民法院党组成员、副院长。曾获得"全国先进工作者""全国优秀法官""全国模范法官""全国法院办案标兵""全国法院党建工作先进个人""上海市三八红旗手标兵"等称号。

刑事审判中惩恶扬善、字字铿锵的"周铁面"，少年司法中慈眉善目、和蔼可亲的"周妈妈"——二十七年如一日，周欣奋斗在审判第一线，以过硬的司法能力、严谨的工作作风、真诚的为民情怀和清廉的职业操守，生动践行着"公正司法、司法为民"的宗旨。

自1999年办案以来，周欣共担任主审及审判长审理案件2000余件，结案率达到100%，无一错案，无一信访投诉，审判质效名列前茅。她先后主审、参审了赵富强等38人的黑社会性质组织犯罪案、澳大利亚籍被告人赵某某境外故意杀人案、虞某某等10人合同诈骗巨额银行资金案、国际禁毒组织及公安部重点关注案件张某等多人制造贩卖毒品案等一批大案、要案与社会关注案件。她视案件质量为刑事审判生命线，努力把每一起案件都办成经得起历史检验的铁案，常常为核实某一个关键证据，赶赴现场实地查看，前往刑事科学技术研究所深入了解鉴定勘查情况，到相关单位学习案件所涉其他领域专业知识等，务必做到事实清楚、证据充分、程序规范。

周欣坚持在司法工作中让人民群众感受到公平正义。她办案努力追求三个效果的统一。她主审及担任审判长审理的刑事附带民事诉讼案件中，调撤率达到80％以上。不仅如此，有的案件原被告之间原已调解结案，但作为原告的各方之间为赔偿款又起纷争，她遂召集各方再予化解；有的案件当事人提出的要求，既牵涉她办理的刑事案件，又牵涉民事、执行，她不厌其烦，反复协调；还有的案件，被告人家属甚至提出与案件无关但急需法院帮助的要求，在事无先例的情况下，她也多方联系帮助解决。周欣常说，只有"案结事了"才能真正使人民群众感受到公平正义，因而被称为铁面柔情"欣法官"。

王小莉　左手落槌的"阳光法官"

王小莉，江苏泰州人，1982 年 2 月生，2006 年 8 月参加法院工作，中共党员。现任江苏省泰州市中级人民法院民事审判第三庭庭长。曾获得"全国先进工作者""全国自强模范""全国模范法官""全国三八红旗手"等称号，荣立个人一等功 1 次、二等功 2 次、三等功 3 次。

"时隔一年，再次坐在人民大会堂里聆听习近平总书记的讲话，心潮澎湃，心中除了激动还是激动……" 2020 年 11 月 25 日，作为江苏省法院系统唯一获奖者的王小莉，从全国劳模和先进工作者表彰大会载誉而归。

因为出生时的医疗事故，造成王小莉右手部分功能丧失，生活中几乎所有事情都得依靠左手，不管干什么都要花出比别人多几倍的时间。

从一名右手部分丧失功能的残疾人，到一名人民法院的法官，再到优秀法官、自强模范，在王小莉身上有一股"不容易、不服输"的精神。她以坚韧不拔的毅力克服身体残疾，长期奋战在任务重、压力大的民商事审判一线；她刻苦钻研、勤学善思，用左手写下的多篇论文和裁判文书屡屡荣获国家级、省级大奖，是业内公认的青年业务专家；她用一脸灿烂温暖的笑容让当事人真切地感受到了司法的温度，被当事人称为"阳光法官"。

在近 10 年的民事审判工作中，王小莉用自己一如既往的敬业踏实和无怨无悔的青春铸造公平和正义，参与办理婚姻家庭、劳动争议、民间借贷、建设工程、知识产权等各类民商事案件 2000 余件，其中直接主审 1300 余件，无一起违纪违法案件和超审限案件，案件调撤率、结案率等各项质效指标均名列前茅。在工作之余，王小莉在市残联微信公众号上开通"小莉维权热线"，通过留言箱、通信、电话等方式为需要的人提供法律咨询等帮助。

"肯钻研、能吃苦、善作为"是领导和同事对王小莉的评价。在立法存在空白、实践亦不多见的情况下，她敢于创新法律适用规则，做第一个"吃螃蟹"的人。

陈辽敏　践行司法为民的"网红"法官

陈辽敏，浙江宁波人，1972 年 4 月生，1995 年 3 月参加法院工作，中共党员。现任浙江省杭州市中级人民法院立案一庭庭长、三级高级法官。曾获得"全国先进工作者""全国模范法官""全国三八红旗手"等称号，荣立个人一等功 1 次、二等功 1 次、三等功 2 次。

"大家可能会觉得法官是高高在上的裁判者，我却喜欢和当事人并肩坐在调解桌前促膝长谈，我想用调解的艺术去展示'柔性司法'之美。"陈辽敏说。

在长期司法实践中，陈辽敏把法学、心理学、社会学融入调解，总结出"统筹调解、分类调解、滚动调解、循序渐进调解、审执兼顾调解"等行之有效的调解方法，以调解艺术展示"柔性司法"。同时，她组建了一支政治素质优秀、业务水平精湛的特邀调解员队伍，推进多元解纷机制。

　　因辖区内网络纠纷比较多，陈辽敏带领调解员队伍从 2008 年开始探索"互联网＋调解"模式，受到当事人的好评。她积极参与一站式多元解纷和诉讼服务体系建设，探索"互联网＋调解"模式，参与开发了在线矛盾纠纷多元化解平台，积极推动"一码解纠纷"、微法庭等多元解纷工作，扎实推进诉源治理。她探索运用电子督促程序，参与搭建包括起诉、调解、立案、举证、开庭、裁判全流程在线化的诉讼平台，构建人力和科技深度融合的司法运行新模式，实现了司法模式的又一次创新。

　　"最近，在最高人民法院一站式多元解纷和诉讼服务建设的要求下，我们又推动了微法庭和共享法庭等诉源治理工作。"在她和同事们的共同推动下，杭州法院高质量推进全域数字法院建设，形成一批数字化改革成果，并通过微博、网站等招募组建了一支"网红"特邀调解员队伍，线上线下为群众提供全方位司法服务。

　　陈辽敏说："这么多年来一路探索、一路收获，为人民群众提供高效、便捷、公正、专业的司法服务，是我矢志不渝的追求目标。"

黄文娟　滞留湖北，坚持在线办案

　　黄文娟，湖北天门人，1982 年 2 月生，2008 年 9 月参加法院工作，中共党员。现任浙江省宁波市鄞州区人民法院邱隘人民法庭副庭长、一级法官。曾获得"全国人民满意的公务员""全国法院先进个人""浙江省劳动模范""浙江省优秀法官"等称号。

　　2020 年春节期间，武汉疫情形势严峻，黄文娟因疫情滞留湖北老家天门。宁波回不去了，可那么多排好庭的案子不能因疫情而"停摆"啊！得知宁波市鄞州区人民法院已逐步解决了移动微法院在线开庭的技术问题，黄文娟的第一个念头是"我可以开庭了"。

　　2020 年 2 月 7 日早上 8 时 30 分，黄文娟从家里找出一件旧西装，准时坐在电脑前，开始第一次线上开庭。这是一起民间借贷的公告案件，原告王某和两位陪审员各自在宁波家中，黄文娟在湖北家中，同时上线。这天上午，黄文娟以移动微法院多方视频方式，完成了三起案件庭审，保存视频，传回法院。没有正规的审判庭，没有规范的制服，但没有一个当事人提出异议。

一晃，50 天过去了。黄文娟通过移动微法院开了将近 60 个庭，结案 50 余件。"在湖北的 50 天，是充实的 50 天。"黄文娟说，"我沉浸在办案中，这就足以对抗因新冠病毒引起的无力和紧张感。"

这场洗礼让黄文娟对公平正义更多了一层理解："一个法官，在哪里不重要，穿什么不重要，做了什么才最重要。当事人更在意的是我们到底能为他们做什么，能落实到实处的才是他们最在意的事情。"

黄文娟总是说："我只是做了一名法官应该做的事情。公平正义很神圣，但其实就在俗常生活里。"

鄞州法院于 2021 年 5 月成立"文娟工作室"，探索立审执一体化办案模式，让当事人的"一件事"在"一个地"得到快速解决。截止到 2021 年底，工作室已接待群众立案、来访等 1500 余人次，服判息诉率 100%，无一案件被改判或发回，在已审结的 814 起案件中，进入执行程序的仅 72 件。

魏晶晶　像水晶一样璀璨

　　魏晶晶，安徽六安人，1983年9月生，2006年9月参加法院工作，中共党员。安徽省六安市中级人民法院民事审判第三庭审判员、四级高级法官。2020年12月10日，在工作中突发疾病，经抢救无效，不幸离世，年仅37岁。被追授"全国模范法官""安徽省优秀共产党员"等称号。

　　2020年12月10日下午3时左右，魏晶晶准备去开庭时，突发心脏疾病，经抢救无效，不幸因公殉职，年仅37岁。

　　电脑桌上放着没写完的判决书，堆满案卷的办公桌上有个记事本，里面记录的开庭排期已排到2021年1月7日，御寒的棉衣搭在椅子扶手上，大保温杯里泡满用来提神的茶水，同事新送的喜糖还没启封……一切都是她走时的样子。

　　魏晶晶从事司法工作14年，始终把依法化解当事人的矛盾纠纷放在心中、抓在手上，用她短暂的一生诠释了人民法官为人民的铮铮誓言。

一家生产防火门的企业因被拖欠工程款将某公司诉至六安中院。开庭时，被告拒不承认。庭审一结束，魏晶晶跟着原被告一起挨家挨户数防火门的数量，一共走了1107家。确定防火门数量后，被告再也无法抵赖。双方被魏晶晶的公正和耐心打动，当场达成调解协议。

魏晶晶曾说过："每一份公正判决、每一个司法程序的公开透明都是建设司法公信。"自2015年3月担任助理审判员以来，到2020年12月10日，魏晶晶共主审案件891件，其中调解137件，参加合议庭审案2596件。

"不记得加了多少班，也不记得多少个周末是在办公室里度过。也曾在夜深人静时迷茫，也曾在成堆的卷宗中崩溃，也曾被疲惫劳累压弯了腰。但我从未后悔成为一名法官，不敢有丝毫的懈怠，一次又一次咬牙坚持下来，只为了心中的天平，只为了笑容可以在化解矛盾纠纷时绽放。"魏晶晶在一份总结里写道，"我珍惜自己的人格和声誉，规范和约束自己的言行。从未吃过当事人一顿饭，收过当事人一分钱，身着法袍，无愧于心。"

张得意　有温度的办案标兵

张得意，福建南安人，1980 年 10 月生，2005 年 12 月参加法院工作，中共党员。现任福建省南安市人民法院党组成员、一级法官。曾获得"全国优秀法官""全国法院办案标兵""福建省最美劳动者""福建省法院系统优秀共产党员""福建省十佳法官"等称号。

志在办最多案件的"愣头青"、常年扎根基层法庭的"张标兵"、专啃执行硬骨头的"铁得意"……这些标签都属于张得意。"不管头上的标签怎么变，我这颗司法为民的初心不会变。"张得意说。

进入法院工作 17 年来，张得意始终扎根基层，精心办铁案、带头打硬仗，坚持把"责任、精致、专注"的理念融入执法办案中，实现案件质量、效率、效果"三升"和信访率、投诉率"双降"。他主审的案件多次被福建省高院推选为民商事审判精品案例，当事人服判息诉率达 99.9%。他创新开展分区送达、司法＋网格化送达、多元信息化送达等方式，有效解决送达难问题，缓解办案压力，使得八成左右的案件能够做到当月立、当月结，年均结案 600 余件，所负责的法庭结案率保持在 90% 以上。

办案中，张得意注重法律技能与生活经验有机结合，把调解与审判有机结合起来，寓教于判，对案件能调则调、当判则判，耐心释法析理，努力做到胜败皆服，特别是针对涉民生案件和群体性案件，自行总结望、闻、问、切的"门诊法官工作法"，通过察言观色、倾心聆听、调查询问、精准诊断，来对症下药地审理案件，化解纠纷，成功调解了多起省内重特大交通事故案件，解决了很多老城区居民诸如拆迁安置补偿、继承纠纷等历史遗留问题。

"冰冷的法律在良知法官的面前也是有温度的。"张得意说。

作为南安法院诗山人民法庭的负责人，张得意立足侨乡优势，首创侨乡法庭，在侨领侨眷集中地区设立"涉侨法律服务点"，通过互联网、微信线上解答侨胞侨眷法律问题，维护侨胞侨眷合法权益；开通诗山法庭微信服务号和诉讼服务热线电话，率先开展微信送达、远程视频调解，提供跨域立案、审判流程信息查询、执行服务等，倡导"不打烊的服务"，创新在线矛盾多元化解机制。

胡国运　"铁面法官"25年坚守审判一线

　　胡国运，江西南昌人，1964年11月生，1987年7月参加法院工作，中共党员。江西省高级人民法院原二级高级法官。2020年5月6日，在工作中突发疾病，经抢救无效，不幸离世，年仅55岁。被追授"全国模范法官""江西省优秀共产党员"称号，以及江西省五一劳动奖章。

　　胡国运出生在江西南昌五星垦殖场，家境清苦。1987年从北京大学法律专业毕业以后，胡国运回到赣鄱大地，投身红土地的司法事业，常常说："能回到家乡，做一名法官，是我最值得骄傲的事情。"

　　25年来，他坚守审判一线，办案逾千件，无一错案，始终一身正气、一尘不染，人称"铁面法官"。

　　2006年，他主审一起标的3亿余元的涉国有企业担保纠纷案，当事人动用各种关系向他施压。他顶住种种压力，坚持秉公办案，有效避免了巨额国有资产的损失。

2016 年，在审理一起大气污染纠纷案时，侵权损失数额鉴定不能且不好处理。他对承办法官说："对于新类型的案件，要打开思路，敢想办法。"在众多案卷中，他找到了林业部门调查表上记录的污染苗木受损情况，指导合议庭依据调查表，再做市场调查，计算出损失额度。该案被最高人民法院选为典型参考案例，并获评全国裁判文书一等奖。

有深度、有温度、有态度。胡国运不遗余力地推动江西法院家事审判改革，倾心保护弱势群体，推行心理干预、家事调查、婚姻冷静期、人身保护令等制度，有效维护妇女、儿童和老年人的合法权益。他常对庭里法官说："高院的判决多是终审判决，是司法公正的最后一道防线，每一个步骤都要倍加严谨细致，一言一行、一字一句，都攸关一个人、一个家庭甚至一家企业的命运。"

他常说："作为法官，在面对压力和诱惑时，必须守住公平正义的底线。正义的人生才是幸福的人生。"

2020 年 5 月 6 日，胡国运在办公室工作时手抚案卷溘然离世，生命定格在 55 岁。众多人自发深情追思，称赞胡国运一生饱含为民情怀，不舍公平正义。

周淑琴　和谐司法的践行者

　　周淑琴，江西鹰潭人，1979年10月生，2004年7月参加法院工作，中共党员。现任江西省贵溪市人民法院党组成员、泗沥人民法庭庭长，一级法官。曾获得"全国优秀共产党员""全国先进工作者""全国优秀法官""全国法院办案标兵""全国三八红旗手"等称号。

　　"无论是在庭审现场还是执行途中，头顶国徽，我代表的就是法律。"18年来，周淑琴凭着对法治信仰的坚守，凭着对法官职业的挚爱，凭着对人民群众的深情，努力让人民群众在每一个司法案件中感受到公平正义，践行着"人民法官为人民"的铮铮誓言。她政治过硬，业务精湛，爱岗敬业，公正廉洁，办案超过千余起，实现了无一错案，无一违纪，无一上访缠诉，无一处理不当致矛盾激化。

　　生在农村、长在农村的周淑琴知道，农村人怕打官司。一场官司的积怨可能影响到几代人的和谐。在办案过程中，她"说服教育有苦口婆心，平息争端有韧劲恒心，评判曲直有正义公心"。正是凭着这种"三心"，很多棘手的案件明明已到"山穷水尽"的地步，却又出现了"柳暗花明"的效果。这些年，她总是能让当事人辨清法理、道理、情理，珍惜亲情、友情、乡情。她总是循循善诱，娓娓劝导，找到矛盾的症结点，渐渐消弭当事人的对立情绪，让打官司的双方能肩并肩，手握手，笑意盈盈地走出法庭。

周淑琴把法庭搬到田间、搬到地头、搬到当事人的家里，法徽扛到哪里，巡回法庭就设在哪里。她始终坚信人民法庭审理的每一起案件，都是一堂村民共享的法治公开课。通过以案释法、普法，淳化民风乡风社风，大力弘扬社会主义核心价值观，不断提高村民参与乡村治理和振兴的法治水平。法安天下，德润人心，让老百姓更多体会到司法的真与诚。

周淑琴承办的首件人身安全保护令案件，也是《中华人民共和国反家庭暴力法》实施以来，江西省发出的首张"人身安全保护令"。为了引导更多遭受家暴的弱势群体走上维权道路，她将裁定书送达给公安机关、司法局、村委会和妇联等相关部门，希望通过多渠道的维权宣传，共同撑起反家庭暴力的"保护伞"。

张永杰　黄河滩上的平安守护者

　　张永杰，山东济宁人，1977 年 9 月生，2009 年 9 月参加法院工作，中共党员。现任山东省济宁市梁山县人民法院党组成员、副院长。曾获得"全国优秀法官""全国模范法官""全国法院党建工作先进个人""齐鲁最美法官""山东省优秀法官"等称号。

　　"脚下沾着多少泥土，心中就沉淀多少真情。"2009 年 9 月，在监狱工作 10 年的张永杰怀揣法官梦，考入山东省济宁市梁山县人民法院，工作地点从县城转到黄河滩区。

　　"百姓都很朴实，只要你真心为他们办事，百姓就会从心里认可你。我们绝不能让百姓赢了官司伤了心、输了官司凉了心！"张永杰说。

　　作为一名基层法官，张永杰每天工作忙碌而琐碎，每次面对求助，他都尽其所能去解决，怕辜负百姓的期望。在一件侵权纠纷案件中，他曾 21 次登门到被告家中调解，最终感化被告，矛盾得以圆满化解。

白天忙着调查、开庭、调解，深夜里常孤灯卷宗为伴。感到疲惫了，张永杰就在工作间隙，沿着黄河河堤走一段，说："我最喜欢的就是在大堤上看长河落日，那是一种能让心瞬时静下来的壮美。"

在基层法庭工作的 13 年里，他走遍了辖区内大大小小的村庄，用"热心、耐心、细心、诚心"化解了一件又一件让百姓扎心的难案，赢得了黄河滩区百姓的好口碑。他把工作室"背"在身上，采取巡回审判方式，深入田间地头和农家小院，落实审判零距离，登门调解、现场开庭，真正解决了滩区群众诉讼难问题。对于调解难度大的案件，他不厌其烦，多次"上门服务"，借助当地群众力量把纠纷化解在百姓家中。他用自己的言行诠释了一名基层法官的为民初心，践行了他所热爱的法官工作，被滩区群众称为"黄河滩上的平安守护者"。

"因为喜欢法官职业，所以一直情有所钟，虽然遇到很多困难和误解，但幸运的是自己依旧保持着当初的执着……"面对满墙的锦旗，张永杰有无以言表的自豪。那一面面锦旗是一个个生动的故事，是百姓对他的认可和鼓励。

李庆军　带病坚守在审判一线

李庆军，河南济源人，1964年3月生，1993年2月参加法院工作，中共党员。河南省高级人民法院立案二庭原副庭长。2018年9月28日，在工作中突发疾病，经抢救无效，不幸离世，年仅54岁。被追授"全国模范法官""河南省优秀共产党员"等称号。

他身患重疾，却用生命书写了对党和法律事业的无限忠诚，诠释了新时代法官的执着与坚守。

1993年考入河南省高级人民法院后，李庆军先后在民事审判庭、审判监督庭、赔偿委员会办公室、立案二庭工作，从书记员到带领审判团队的副庭长，无论在哪个岗位，他都兢兢业业、严谨负责。领导们说："不管啥案子，交给庆军都放心。"同事们说："庆军这个人工作严谨认真。"当事人说："我们需要李庆军这样既干净又干事的好法官、好干部。"

2014 年，被确诊为尿毒症后，恶心、腹胀、疼痛等病征时刻缠绕着他。面对逐年激增的案件和异常突出的人案矛盾，李庆军急当事人所急，默默地对亲友和同事隐瞒了病情。"我一个农家子弟，能走出大山当上省高院的法官，多光荣多幸运啊！我除了办案没有其他本事，多办一个案件社会上不就少一个纠纷嘛！"

为了不耽误工作，李庆军放弃去医院做血液透析，选择在家中自己做腹膜透析。在他的卧室里，一箱箱透析液几乎堆满整面墙，保存针剂的小冰箱和加热透析液的培养箱成了床头柜。在长达 4 年时间里，他每天做 4 到 5 次透析，早上最迟 6 点起床，忍受腹痛腹胀、乏力呕吐的透析反应。他常常来不及吃饭就去上班。为节约时间，每次去北京复查，李庆军都专挑夜里 10 点多的火车。第二天上午去医院，下午就急忙往回赶。下了火车，不是回家休息，而是直奔省高院。

"法官的职责就是办案，如果不办案还有什么价值？"这是李庆军常挂在嘴边的一句话。即使是与病魔抗争的几年间，李庆军的办案量也常常在全庭名列前茅。在他生命的最后 8 个月，他的审判团队共结案 360 件，仅他就结案 121 件，是全庭办案最多的法官。

孙志伟　做好新时代"螺丝钉"

孙志伟，河南开封人，1984 年 4 月生，2008 年 9 月参加法院工作，中共党员。现任河南省开封市中级人民法院审判监督庭副庭长。曾获得"全国法院先进个人""河南省人民满意的公务员""河南省人民满意的政法干警""开封市政法英模"等称号。

"在这个对法治建设提出更高要求的时代，我们需要从每一天的工作、每一个案件做起，坚守为民初心，坚持公平正义，做好新时代'螺丝钉'。"孙志伟说。

自 2008 年进入法院工作，他数十年如一日坚守审判一线，用心用情，为民干事。他常说："我既然选择了法官职业，就要对得起自己心中的天平。"无论接手什么案件，第一时间对案子抽丝剥茧，确保对每个环节都了如指掌是他办案的习惯，也是他确保公正的"法宝"。

2014 年以来，他主审刑事案件 400 余起，参与审理刑事案件 1000 余起，主审民事案件 600 余起，参与审理民事案件 1600 余起，无一发回改判或引发信访。

近年来，孙志伟走进党校、社区、军营、校园、机关、企业、农村，为人民群众普及法律知识，增强大家的法律意识，受到群众热烈欢迎。更难能可贵的是，在每次开展普法讲座后，孙志伟都会留下自己的手机号和微信号，方便群众咨询法律问题。只要有空，孙志伟总是不停地接通群众打来的电话，不厌其烦地为群众解答各种法律问题，为他们义务提供法律帮助。

"孙法官，我是上次您去仪表社区开展普法讲座的一个听众，现在我遇到一个问题想向您咨询一下。""好的，我现在马上就要开庭，等开庭结束了，我给您回电咱们慢慢聊，好不好？""好的，麻烦您了，孙法官。"这样的电话几乎每天都有，回答群众法律咨询、帮助群众指点如何依法处理纠纷已成为孙志伟的生活常态。

杨 军　燃尽生命，只为法徽闪耀

　　杨军，湖北荆州人，1968年4月生，1990年8月参加法院工作，中共党员。湖北省荆州市沙市区人民法院刑事审判庭原庭长、一级法官。2020年7月29日，在工作中突发疾病，经抢救无效，不幸离世，年仅52岁。被追授"全国模范法官""湖北省优秀共产党员"称号。

　　一生择一事，一事为公正，这是杨军一生的坚持。

　　"我手头的案子时间紧迫，麻烦你们帮忙，要抓紧办啊！"这是杨军打的最后一个电话，也是他生命中的最后一个嘱托。作为一名老党员，杨军时刻将党员的职责使命牢记在心。他坚守法治信仰，秉持公正司法，办理的4000多起案件中，没有一件因裁判不公被投诉被举报。从书记员、审判员到庭长，他时刻牢记自己共产党员的身份，以坚定的理想信念、强烈的责任担当，忠诚履职、忘我工作。在他的带领下，沙市区法院刑事审判庭近5年来共审结各类刑事案件 2570 件，依法判处 2836 名被告人，有效维护了社会稳定，且实现了"零"错案，先后多次被评为荆州市法院先进单位，他个人也屡获省、市级优秀法官和办案标兵等称号。

同事们时常回想起杨军常常挂在嘴边的一句话——"踏实做事，坦荡做人"。话语朴实，却是一位平凡但不平庸、淡泊名利却志向高洁的基层法官的深刻写照。

杨军的一句话让律师彭德江记忆深刻："即便朋友间的正常交往，即便和工作无关，其他人看到了也会误会。"为了避免万一的误会，杨军一视同仁，坚决不私下相见。律师朱天鹏回忆："在他那里，绝不会把白的判成黑的，也绝不会把黑的糊弄成白的。"牢牢守住公正底线，杨军义无反顾。多年来，他没有一件案子因裁判不公被投诉被举报，更没有办过关系案、人情案。

22 年法官生涯里，杨军刚正不阿、秉公执法、不徇私情、清正廉洁，作出了一名基层法官对坚守公正的深刻诠释。

周春梅　脊梁不弯，"梅"香永驻

　　周春梅，苗族，湖南龙山人，1976年1月生，2003年8月参加法院工作，中共党员。湖南省高级人民法院审判监督第一庭原副庭长。2021年1月12日，因多次拒绝向某为案件打招呼的非法要求，被残忍杀害，年仅45岁。被追授"全国模范法官""全国三八红旗手"等称号。

　　在周春梅电脑桌面壁纸上有几个醒目大字——"说实话，办实事，脊梁不弯"。

　　到法院工作以来，她从未办过一起关系案、人情案，把坚持原则作为稳住公与私的砝码，坚守公正底线，在平凡的工作岗位上作出了不平凡的业绩。2006年初，周春梅进入审判业务部门工作。从助理审判员到审判员再到副庭长，从民商领域到审判监督，经历多次职务和角色转换，但她从没有忘记自己的初心。从事审判工作16年来，周春梅所办案件无一超审限、无一因过错被发回或改判。

一场突如其来的暴力事件，让周春梅的生命戛然而止。向某与周春梅系高中及大学校友，其所在的某公司发生劳动纠纷进入诉讼后，请求周春梅向一审、二审法院打招呼。周春梅以法院禁止过问他人所办案件为由，多次断然拒绝。案件进入再审审查后，恰好由周春梅所在的审监一庭负责审查，向某再次请求打招呼依然被拒。后来，向某到周春梅家中拜访，离开时留下 2 万元现金和 1 个金手镯。周春梅发现后多次联系向某退还未果，遂向组织报告情况，最后请同事当面退还了向某所留财物。再审申请被驳回，向某对周春梅未能帮忙怀恨在心，蓄谋报复，将其残忍杀害。

"她是一名办案有温度、调解有方法的好法官。"

"她不畏权贵，坚守公平正义，让我不会对社会有黑暗感。"

身边人谈及与周春梅相处的点滴，都不禁对她的遇害感到痛心和惋惜。

她刚正不阿、清正廉洁，严格执行防止干预司法"三个规定"要求，面对人情干扰、金钱诱惑和暴力威胁，坚持立场不妥协，坚守原则不退缩，坚定信念不动摇，用生命捍卫了法治原则，以实际行动兑现了对党和人民的铮铮誓言。

肖海棠　不负时代重托的知产法官

　　肖海棠，广东大埔人，1977年6月生，2003年7月参加法院工作，中共党员。现任广东省高级人民法院民事审判第三庭副庭长、三级高级法官。曾获得"全国优秀共产党员""全国先进工作者""全国法院办案标兵"等称号，荣立个人二等功2次、三等功2次。

　　19年前，刚从中山大学国际法专业硕士毕业的肖海棠，走进广东省高级人民法院的大门，机缘巧合，成为民三庭的一名书记员。

　　19年后，她已主审、参审知识产权案件超4000件。华为、小肥羊、路虎等众多大要案件的审理，为行业画线定则、树起标杆。

　　作为优秀共产党员代表，肖海棠在讲党课时说："我们永远要记得，司法办案，不是为完成计件工作，也不是为表现个人的业务能力，而是为了公平正义，为了社会进步，为了服务人民。"

　　党的十八届三中全会强调加强知识产权运用和保护，社会对创新成果、自主品牌和文化传播的保护需求日益强烈。"党有所指、吾有所行，民有所盼、吾有所为"，肖海棠以强烈的政治责任感和职业使命感全身心投入工作，在历经长达7年的连续调研、跟踪试点基础上，形成破解我国知识产权赔偿难瓶颈问题的研究报告和广东经验，并向全国法院推广。她主笔的《关于通信领域标准必要专利司法实务问题》调研报告及办案指引，是我国法院就标准必要专利纠纷司法实务发布的首个较为完整、系统的研究成果，受到知识产权理论界、实务界及通信行业高度评价，被誉为"汲取全球标准必要专利诉讼相关规则，符合我国法律规定、行业惯例和司法实践的集大成者"。

在同事眼中，她是具有"海绵学习状态"的特殊人才，是为了熟悉案情、查找案例、攻克难关，确保判决公平公正，可以连续加班60余天的"工作狂"；在当事人眼中，她是为了最大化维护双方合法权益，可以淡泊名利，含泪舍弃40多万字判决书，采取调解方式结案，促成双方共赢的"贴心人"；在群众眼中，她是为了解民忧、纾民怨、暖民心，真心实意用法律知识服务人民的"好法官"。

陈海仪　用母亲般关怀帮助失足少年

　　陈海仪，广东罗定人，1973年11月生，1996年7月参加法院工作，中共党员。现任广东省广州市中级人民法院审判委员会专职委员、三级高级法官。曾获得"全国先进工作者""全国三八红旗手""全国模范法官""人民法院少年法庭先进个人"等称号。

　　"保护未成年人健康成长。广东省广州市中级人民法院法官陈海仪用母亲般的关怀帮助失足少年走向新生。"最高人民法院2020年工作报告中的这句话，是陈海仪20多年来不间断耕耘在少年审判工作第一线，致力未成年被告人司法保护的一个缩影。

　　"少审法官不能就案办案，少年犯最终是要回归社会的。"陈海仪说。她坚持庭前、庭中、庭后三方面审理每一个涉少案件，给那些犯罪的孩子们重新树立正确的是非观、道德观、法治观。陈海仪寓教于审，秉持人文关怀司法理念，注重对未成年罪犯进行帮教、矫治、回访，加强与家长、学校的联系，与帮教少年通信、电话联系超过 1000 次，目前仍与 20 多名未成年罪犯及其家人保持长期联系。在她的感化、教育、鼓励支持下，她帮教的未成年罪犯中有 30 多人考上大学、300 余人完成初高中学业。

陈海仪积极推动广州市"羊城金不换"工程、"阳光少年行动"、全国青少年权益与保护研究基地、青少年帮教基地等建设，推动构建未成年人司法保护大格局。此外，她先后兼任 10 余所中小学法治副校长、校外辅导员，担任普法、家庭教育讲师团成员，在广东省 100 余所学校、社区及新闻媒体平台开展法治宣教 200 余场次，组织模拟法庭 30 余场次，并在疫情期间创新运用云课堂开展《民法典》《未成年人保护法》法治宣讲活动，受众超过百万人。

"希望通过我的努力，可以形成一张严密的保护网，不管是未成年人犯罪还是针对未成年人的犯罪都能越来越少，让孩子们成长的土壤变得越来越好，每个孩子的人生都能出色出彩。"陈海仪说。

赵 会 情法交融，破解执行难题

赵会，湖北汉川人，1980年9月生，2002年11月参加法院工作，中共党员。现任广西壮族自治区南宁市青秀区人民法院党组副书记、副院长，四级高级法官。曾获得"全国人民满意的公务员""全国优秀法官""广西优秀法官"等称号，荣立个人三等功5次。

"判决要兑现，就是靠我们的执行工作。"担任南宁市青秀区人民法院执行局局长以来，赵会团结带领同事们办理执行案件总计5万余件，并率先垂范带头办理疑难复杂案件1000余件，结案率95.46%，为"基本解决执行难"工作作出了积极贡献，让判决书上的权利变成了真金白银，执行款进了老百姓的口袋，得到人民群众的广泛好评和各级领导的充分肯定。

在执行工作中，她宽严相济，让执行在力度之外亦有温度。在处理一起强制腾迁案件时，面对被执行人拒不搬离、其妻子还装病卧床不起的情况，赵会当即作出决策，将其强制带离现场。考虑到被执行人还有一个上小学的孩子，她又贴心安排法官接小孩回家，耐心教导孩子，以免孩子遭受不必要的伤害。她心系群众，把人民群众的小事当作自己的大事。在处理被执行人南宁市某润滑油公司案件时，她秉持善意执行理念，为保证被执行人正常生产经营，召集为公司提供贷款的案外人某担保公司及案件双方当事人，耐心释法说理，倾情沟通调解，最终说服该担保公司为被执行人企业提供贷款，双方当事人达成和解协议，案结事了。让面临存亡困境的企业得到了重生的机会，为辖区经济社会稳定健康发展贡献了力量。她坚持民生案件优先执行理念，通过司法救助和保险救助制度，为生活特别困难的申请执行人及时发放救助金。

此外，赵会还建立"执行局长接待日"。每周固定时间接待执行案件来访人，说法理、讲情理、论事理，倾听群众诉求、回应群众关切、化解群众心结，努力做到让申请人放心、让被执行人心服。近年来，当事人对执行工作的认可度、满意度显著提高。

苏　铭　奔走在执行路上的"铁娘子"

苏铭，黑龙江海伦人，1971年11月生，1996年7月参加法院工作，中共党员。现任海南省海口市中级人民法院执行局副局长。曾获得"全国优秀法官""全国模范法官""海南省优秀法治人物""海南省优秀法官"等称号，荣立个人三等功1次。

苏铭，一位平凡的执行法官。她虽然不敲响法槌，但是让法槌掷地有声。

2014年，苏铭任海口市琼山区法院执行局局长。上任伊始，她带领干警加班加点，一边办新案，一边将长期未结的400多件老大难案件执结，成功化解了100多件信访案件，啃下了许多难啃的硬骨头。新官理旧账，为民办实事，一提到她，许多案件的当事人竖起大拇指，称她是"能为老百姓办实事"的执行局长。

"从事法官工作多年，我觉得法院最能道出酸甜苦辣的地方就是执行局。"每当谈起执行工作，苏铭总是说，"当事人的胜诉权益最终要靠法院执行来实现，执行就是他们最后的指望。"

2017年，琼山法院在执行一起案件过程中，需要到海南西部的一个村子里扣押大型机械，执行风险极大。苏铭虽然不是案件的承办人，但是作为执行局副局长，她不愿让执行法官涉险。执行前，她三次前往当地，熟悉情况，协调警力。经过一番准备，终于确定了执行日子。出发前，听说当事人可能有枪，局里的年轻干警纷纷"请战"，她半认真、半开玩笑地说："我年纪大，到现场后，你们都先退后，我来搞定。"到现场后，她与被执行人面对面讲法说理，希望说服他配合。但是，被执行人情绪激动，难以沟通。正在苏铭耐心与他对话的时候，被执行人突然转身飞奔回屋，准备拿枪对抗。千钧一发之际，苏铭立即冲上去，与干警们合力将其控制。最终，被执行人最后放弃对抗，交出了藏起来的大型机械，案件得以妥善处理。

2020年调入海口市中级人民法院以后，苏铭本色不改，在案件激增、人员不稳的情况下，全院执行工作各项质效指标同比均有大幅提升。

廖子怀　守山区，解纠纷

　　廖子怀，重庆人，1963 年 4 月生，1995 年 12 月参加法院工作，中共党员。现任重庆市巫溪县人民法院审判委员会委员、廖子怀调解工作室负责人。曾获得"全国人民满意的公务员""全国法院先进个人""重庆市人民好公仆""重庆市法院系统优秀法官"等称号。

　　1995 年，廖子怀放弃乡镇党委书记职务，自愿申请到基层人民法庭工作。从此几十年如一日，扎根基层、坚守山区，以法庭为家、埋头苦干。

　　他坚持"以情动人、以理服人、以法慑人"办案原则，以努力让人民群众在每一个司法案件中感受到公平正义为目标，把全部心血奉献给了司法事业和人民群众。针对辖区老百姓居住分散、交通不便、打官司难、诉讼成本高的特点，廖子怀先后推出"巡回法庭""假日法庭""速裁法庭"，最大限度方便老百姓诉讼。他借鉴"枫桥经验"，变"群众上访"为"法官下访"，力争把纠纷解决在基层。

在案件审理中，他成功运用"批评教育法""矛盾缓和法""心理疏导法""合力调解法"，促进矛盾纠纷化解。为大力推进一站式多元解纷机制建设，强化诉源治理工作，2019 年 12 月，巫溪县人民法院成立"廖子怀调解工作室"，廖子怀担任工作室负责人，充分运用丰富的调解经验、较高的社会威望、亲和的个人魅力及群众信赖等优势，不定期开展法律咨询、纠纷分流、联系社区（村组）、调解指导、多元解纷、司法确认、诉调对接、速裁快审等工作，切实将矛盾化解在萌芽。

工作中，廖子怀围绕公正、及时处理好每一起案件的目标，做到了用最短时间解决当事人纠纷，力争能上午办完的不拖到下午，当天能办完的不拖到第二天。2021 年以来，调解和确认 200 多起案件，以最短时间解决了当事人纠纷。

多年来，法庭人员换了一拨又一拨，廖子怀却坚守基层，默默耕耘。他总说："这里的老百姓我都熟识了，虽然条件艰苦，但老百姓相信我，我愿意留在这里为他们多做一些事情。"

祝增巧　创新家事审判的贴心法官

祝增巧，四川彭州人，1966年2月生，1993年5月参加法院工作，中共党员。现任四川省彭州市人民法院审判委员会委员、丹景山人民法庭庭长。曾获得"全国先进工作者""全国三八红旗手""全国优秀法官""全国模范法官""全国法院先进个人"等称号。

　　从1993年到彭州市人民法院算起，29年时间里，祝增巧始终不忘共产党员的初心，饱含司法为民的真心，坚守公正司法的良心，用过硬的政治素养、贴心的办事方式、一流的司法水准，让法律的温暖紧紧贴在了人民群众的心坎上。

　　祝增巧大部分时间都在基层法庭工作，始终坚持"多调少判、定分止争"的工作原则让矛盾双方握手言和，在"田间法庭""工地法庭""病床法庭""院坝法庭"完成了不计其数的成功调解。

　　祝增巧承办的一起离婚纠纷案件，原告周某向法院提起离婚诉讼并提供了证明其妻子汪某下落不明证据，请求法院缺席判决他和妻子汪某解除婚姻关系。为查明周某与汪某婚姻关系的真实状态，祝增巧到周某所在乡镇查访后得知，汪某因交通事故丧失行动能力后被周某遗弃在老家，其对周某起诉离婚毫不知情。为进一步核实情况，祝增巧驱车赶往汪某500公里外的老家——古蔺县古蔺镇金山村。随后的日子里，祝增巧多次上门调解，使夫妻二人的关系得以缓和。最终，该起离婚案件得以顺利调解结案。"虽然来回奔波近千公里，但我无愧于人民法官的称号，也无愧于我对党的承诺。"祝增巧在结案笔录中写下这段话。

2016年底，彭州市人民法院被确定为四川省法院家事审判改革试点法院。作为家事审判的领头人，祝增巧带领家事审判团队攻坚克难、积极创新，探索形成了"全流程、递进式、体系化"家事审判改革"彭州模式"。

正是坚持"从群众中来，到群众中去"，一门心思为群众着想，与祝增巧接触过的当事人和群众才无不对她竖起大拇指称赞，"祝法官心里装着我们老百姓"，"祝庭长为我们老百姓办实事"。

刘国红　贵州苗岭深处的好法官

刘国红，贵州都匀人，1975年7月生，1996年12月参加法院工作，中共党员。现任贵州省福泉市人民法院党组书记、院长。曾获得"平安英雄""全国优秀法官""全国模范法官""贵州省法院办案业务标兵""贵州省十大最美政法干警"等称号。

　　刘国红扎根贵州苗岭深处，坚守民商事审判工作岗位26年，办案多、效率高、效果好。

　　近年来，刘国红承办的各类案件累计1000余件，工作注重效果，办案讲究方法，案后注重回访。他办理的案件曾连创黔南州中级人民法院审判人员月结案和年结案历史最高纪录，所办案件基数大，类型广，案情复杂，且与民生息息相关。这些最基层、最基础、最基本的纠纷如果处理不当，个案问题可能转化为类案问题，民事案件可能转化为刑事案件，家庭纠纷可能转化为社会难题。其所办案件没有一件超审限，没有一件引起当事人信访，服判息诉率高达98.72％。2020年以来，他以二审开庭为突破，当庭宣判为载体，能打善拼，敢打会拼，各项审判指标遥遥领先，被同行誉为"案件推土机"。刘国红精湛的业务水平让当事人交口称赞，被誉为"贵州苗岭深处的好法官"。

刘国红审理的贵州省首例省级政府部门起诉的生态环境损害赔偿案件成功调解结案，为政府挽回损失3800万元，成为此类案件审理机制的样本；审理的北京某公益组织诉某公司环境公益诉讼被贵州省高级人民法院评为"贵州省环资审判典型案例"；指导审理的某检察院与某环保局环保行政公益诉讼案件成为全国人大常委会授权后，检察机关公益诉讼首例判决的案例。

作为一名法官，刘国红始终心存感恩，脚踏实地在审判岗位上辛勤劳作；他始终心存敬畏，清清白白在平凡岗位上干事创业；他始终心存恻隐，怀揣着对弱者同情怜悯，牢记为民司法的初心使命；他始终心存挚诚，用实际行动践行自己的入党誓词，诠释着对党的绝对忠诚，在平凡的岗位上尽情挥洒青春热血。

彭鑫亮　一个基层法官的特殊荣耀

彭鑫亮，云南兰坪人，1979年7月生，2002年3月参加法院工作，中共党员。现任云南省怒江傈僳族自治州中级人民法院执行局副局长。曾获得"全国先进工作者""全国人民满意的公务员""全国优秀法官""全国办案标兵""云南省先进工作者"等称号。

彭鑫亮出生于云南兰坪白族普米族自治县一个农民家庭，参加工作以来，先后在兰坪法院执行局、通甸法庭、营盘法庭工作过。

从书记员到审判员，再到法庭庭长，他凭借着不怕苦、不气馁的胆识和执着，一步一个脚印，在平凡的工作岗位上作出了不平凡的业绩。

在法庭工作以来，彭鑫亮主审了各类民商事纠纷案件1000余件，诉外调解100余件，执结执行案件100多件，接待来访3000多人次，提供法律咨询服务500多人次。在他审理的1000多个案件中，审结率99%以上，调撤率达80%以上，审结案件中无冤假错案、无超审限案、无涉诉上访案。他实施的一系列开创性工作，得到各级各部门及人民群众的充分肯定和好评。

曾有一对夫妻走进法庭找到彭鑫亮说："彭法官，这次可不能再拒绝我们了，我们就想表达下心意。"说完就把一双鞋垫往彭鑫亮手里塞。原来这对夫妻在工地辛苦工作一年，可是被老板拖欠工资，案件到彭鑫亮手里后，他认真审理了案件，最终帮他们拿回了应得的工资。为了感谢他秉公办案，夫妻俩给他绣了双鞋垫。彭鑫亮很感动，但作为一名法官，"不拿群众一针一线"的想法深深印在脑海中，他还是婉拒了。

面对着日复一日平凡甚至琐碎的工作，彭鑫亮从来没有跟单位申请调离法庭。为了方便群众，他顶烈日、冒风雨，走村入户，始终坚持"多调少判、定分止争"工作原则，让矛盾双方握手言和，在田间地头完成了不计其数的成功调解。他坚持从小事做起，从简单做起，从平凡做起，从点滴做起，从自我做起，在平凡的岗位上克己奉公，铸就伟大。

次仁平措　书写忠诚本色的高原法官

次仁平措，藏族，西藏日喀则人，1981年9月生，2004年8月参加法院工作，中共党员。现任西藏自治区拉萨市中级人民法院刑事审判法官。曾获得"全国刑事审判先进个人""西藏自治区十大法治人物""西藏自治区审判业务专家"等称号，荣立个人三等功1次。

"我听着嘹亮的军号声长大，耳濡目染边防军人坚毅、刚强、奋斗的精神品质，心中种下了爱国的种子。"次仁平措说。他出生在边防军人家庭，从小生活在部队营房、驻军家属院，受父辈扎根边疆、爱国守边的崇高精神影响，从小就立下了报效祖国的宏愿。

2000年，次仁平措以西藏自治区文科第一名的高考成绩被北京大学法学院录取。求学的过程中，他更坚定了对法律的信仰和对法治事业的追求。大学毕业后，他毫不犹豫地参加了西藏法院系统招考，如愿成为一名人民法官。

为了把"努力让人民群众在每一个司法案件中感受到公平正义"的要求落到实处，次仁平措牢牢把握"司法为民、公正司法"工作主线，严厉打击各类刑事犯罪活动，参加和主审了某公司等逃税系列专案、扎某等特大跨国走私与运输毒品案、"某某城"合同诈骗专案、专项整治专案及扫黑除恶专项斗争中出现的涉黑涉恶案件等，忠实履行法律赋予的神圣职责。

他主审各类刑事案件几百余件，担任审判长参加其他法官主审的各类案件合议庭上百余次，累计撰写审理报告、裁判文书等各类文书上千万字，多份裁判文书先后被评为优秀裁判文书。一串串数字的背后，反映的是一个法官的良知和操守，彰显的是一个法官的担当和对公平正义的执着追求。

"司法审判尤其刑事审判是人命关天的大事。我始终对审判工作的每一个环节、每一个流程都要予以最高的专注、最认真的态度，把每一个案件都当成职业生涯第一个或者最后一个案件来认真对待。"次仁平措说。

纪胜利　把解百姓难题作为最大心愿

纪胜利，陕西宝鸡人，1978年11月生，2003年12月参加法院工作，中共党员。现任陕西省西安市长安区人民法院执行局副局长兼执行指挥中心主任、一级法官。曾获得"全国优秀法官""全国模范法官""全国法院先进个人"等称号，荣立个人一等功1次、三等功2次。

从书记员到助理审判员、审判员、法庭副庭长，从普通基层法官成长为"全国优秀法官""全国模范法官"，纪胜利心中始终有一个不灭的信念：群众利益大过天。

从秦岭南麓到秦岭北麓，他常常背着国徽、拿着横幅，跋山涉水，开展巡回办案和普法宣传活动。他不断创新老年人、未成年人权益保障思路，探索维权新方法、新途径。他上门开庭，对于生活困难的老年人帮助联系免费的法律援助，设法减免缓交诉讼费；他将没有儿女照顾的老人送到敬老院生活；他在参加工作之初，将仅有的 3000 元积蓄给了受伤的孩子（原告）治疗伤病；他给聋哑女孩联系学校，给被遗弃在法庭的智障男孩打来饭菜并劝解男孩父母重归于好。他司法为民的脚步踏遍了秦岭大山最深处，访遍了秦岭脚下乡村。

"作为法官，良知是最重要的。真正把老百姓的难题解决了，是我最大的心愿。"纪胜利说。

办案多年，纪胜利始终坚持学习并撰写学术论文和调研报告，其中有 30 余篇学术论文、调研报告在各类论坛及讨论会上获奖，有 7 篇论文在最高人民法院理论与实务研讨会上获奖。同时，他还担任西北政法大学等高校法学院硕士生实务导师，参加了 20 多次校园巡回审判、10 余个法治讲座，5000 余名大学生从中受益。他被最高人民法院授予"全国优秀法官""全国模范法官""全国法院先进个人"称号，被陕西省高级人民法院授予"全省法院办案标兵"称号，被西安市中级人民法院两次授予"全市法院办案标兵"称号。

"我很幸运成为一名法官，我也将继续立足本职岗位，做老百姓的'知心人'和公平正义的'守护者'。"纪胜利说。

李　兰　心系群众的温情法官

李兰，甘肃天水人，1977年11月生，1999年7月参加法院工作，中共党员。现任甘肃省天水市甘谷县人民法院党组书记、院长。曾获得"全国法院先进个人""甘肃省优秀共产党员""甘肃省法院办案标兵""天水市三八红旗手"等称号，荣立个人三等功2次。

"小案子连接着大民生，连接着老百姓眼中的党和党员。""尽可能采取最便利当事人的方法解决当事人所要求解决的问题。"这是李兰经常挂在嘴边的话。

2017年春节前夕，李兰受理了一起健康权案件，原被告双方同村同姓，因牛车拉粪牲畜处置方式问题，致一方当事人意外受伤，双方因医疗费发生争议形成诉讼，庭审中各执一词，是非难辨。李兰觉得必须进行实地查看，于是在腊月飘雪的一天，她和同事如期出发。同行的同事认为雪太大，山路难行，隔日可去，可李兰觉得给群众已给了承诺，不能失言。警车开到山脚下后无法前行，只能步行。经过一个多小时攀爬到现场后，寒冷的天气，冬日阳光下雨雪搅拌的泥泞路面，法官冻红的脸庞，李兰新皮鞋变雨鞋的场景，深深感动了当事人和周围的群众。他们纷纷说："共产党的干部真好，为了给我们办事啥也不顾。"通过现场勘查，在近百名村民的围观下，李兰就案件发生经过进行合情合理分析，双方握手言和，原告反而就纠纷处理过程中的不当言行向被告道歉。回途中，同事开玩笑说："一双新皮鞋，雪水泥浆泡张口，换来群众的真欢笑。"

人民满意是检验法官工作的最高标准，公平、合理是老百姓最朴素、最朴实的需要，司法公信力最终都体现在千千万万个案件中。李兰记不清有多少次这样零距离接触群众的情形，凭着这份真诚，她在办案中屡屡化解当事人的困惑和质疑，处处体现着为人民服务的司法情怀。

陈志秀　在秤上称良心的模范法官

陈志秀，土族，青海贵德人，1970年4月生，1994年8月参加法院工作，中共党员。现任青海省西宁市城东区人民法院党组书记、院长。曾获得"全国先进工作者""全国人民满意的公务员""全国优秀法官""全国模范法官""青海省人民满意的公务员"等称号。

"我到法院工作的时候，父亲告诉我，'法官是个在秤上称良心的职业'，这句话是我职业生涯中的警示语。从我紧握拳头宣誓加入中国共产党的时候、当我手抚宪法宣誓成为一名法官的时候，我就知道自己肩负着沉甸甸的责任。"陈志秀说。

当法官近30年，她所承办的案件，均经得起历史检验。拿到赔偿款的当事人激动地说："陈法官，真是党的好干部，处处为我们老百姓着想。"败诉的当事人服气地说："陈法官，虽然我败诉了，但我服气，不只服你办的案子，也服你这个人。"把每一起案件都办成经得起历史检验的"铁案",正是陈志秀毕生的追求,她因此被誉为"铁案法官"。

社火是一种庆祝春节的传统庆典活动,也是青海、甘肃等地的非物质文化遗产。陈志秀曾审理青海省大通县下庙村117名社火队员诉某音像出版社著作权案。这起极易引发群体性事件的农民著作权案最终调解结案。当天晚上,陈志秀和其他同事冒雨赶到下庙村,挨家挨户将赔偿款发放到农民手中。8月的高原,秋风如霜雨似针,忙完已经是半夜两点半,大家冻得手连笔都快拿不住了,村干部给大家煮了洋芋暖手。这个过程一直深深留在了陈志秀的脑海里。

"我是农民的孩子,我不能忘本。"陈志秀常说,有些人一辈子可能只会进一次法院大门,一案不公,就会改变一个人对公平善良的评价标准,会丧失对法律的尊崇和对法治的追求。无论案件标的大小、当事人身份高低,在每一案的处理中,我们都要精心、细心、耐心,努力让人民群众在每一个司法案件中感受到公平正义,感受到法律的温度。

陈美荣　"五心"调解化纠纷

　　陈美荣，回族，宁夏石嘴山人，1964年10月生，1985年7月参加法院工作，中共党员。现任宁夏回族自治区石嘴山市大武口区人民法院行政审判庭庭长、三级高级法官。曾获得"全国先进工作者""全国优秀法官""全国模范法官""宁夏回族自治区优秀共产党员"等称号。

　　作为一名基层政法干警，陈美荣同志37年如一日奋斗在审判执行工作一线。

　　多年来，她认真总结自己在实践中领悟到的点点滴滴，在诉讼调解上逐渐形成了"五心和十二调解法"，即在工作态度上，要有"五心"——公心、清心、诚心、细心、耐心。"公心"是对待当事人要开诚布公、不偏不倚，赢得当事人的信赖和尊重；"清心"是法官要耐得住清贫、耐得住寂寞，保持一种清心寡欲的态度和一种"静"的心态对待社会和人生，不受外界权力、舆论、亲情所左右；"诚心"是忠于党、忠于人民、忠于法律、尽责履职的忠诚之心，是定分止争、化解矛盾纠纷的真诚之心；"细心"是认真关注案件本身，关注当事人争议的焦点问题，关注调解工作进展，关注当事人心理变化，准确把握调解时机，找到双方矛盾纠纷的症结，选准切入点，找到化解纠纷的金钥匙；"耐心"是把群众当作自己的亲人，对待群众始终保持热情，杜绝傲慢，克服急躁，让人民群众感受到司法的温情和法院的温暖。在调解策略方法上，总结归纳为"十二法"——沟通情感、对症下药、冷却择机、保全促进、求同存异、担保监督、案例展示、附加条件、专家参与、证据展示、判前评断、换位思考调解法。

"五心和十二调解法"的运用，给法院调解工作注入了活力，提高了工作质效，受到社会各界好评，被其他兄弟法院所借鉴，并在全市政法系统得到推广。

37年来，她审理案件超过1万件，调解撤诉率达到82%。与陈美荣接触过的群众都说："案件交到陈法官手里，我们放心！"

赵瑞琴　法官是人民的"办事员"

赵瑞琴，山东梁山人，1973年4月生，1994年10月参加法院工作，中共党员。现任新疆维吾尔自治区昌吉回族自治州中级人民法院立案一庭庭长。曾获得"全国优秀法官""全国模范法官""新疆维吾尔自治区优秀党员""新疆维吾尔自治区人民满意的公务员"等称号。

"你们以前是邻居，又是熟人，既然来到我这儿，咱们就和和气气地商量……"在新疆维吾尔自治区昌吉回族自治州中级人民法院赵瑞琴法官工作室内，一场诉前调解刚刚开始。

昌吉州中级人民法院在2019年10月以赵瑞琴的名字命名了赵瑞琴法官工作室，现法官工作室已被昌吉州人才工作领导小组命名为高层次人才工作室。

2012年，赵瑞琴来到昌吉市人民法院大西渠人民法庭任庭长。昌吉市大西渠法庭辖区有3镇1乡，是一个回族居民聚居地。她发现，回族居民喜欢喝盖碗茶，无论是亲友来访，还是法官巡回办案，每到回族居民家中，主人都会沏上盖碗茶热情招待。2013 年，她建起了"盖碗茶"调解室，把盖碗茶引进法庭中。赵瑞琴用茶桌代替法台，与当事人一起喝茶、唠嗑，直到解开对方心里的疙瘩，法庭调解成功率也极大提升，息诉率达 100%，这也成为新疆法院系统调解工作的一大特色。2016 年 1 月，大西渠法庭被评为"全国先进集体"，赵瑞琴被评为"全国模范法官"。

"法官就是人民的'办事员'。践行司法为民宗旨，就要从具体问题入手，从小事情做起，坚持在审判和执行的各个环节都做到便民、护民、利民。"这是赵瑞琴审判工作的准则。

2000 年以来，她审理的案件高达 3700 余件，曾创连续 9 年在昌吉市人民法院民一庭个人办案第一的纪录。其中，2008 至 2010 年，连续三年调解率创全院第一。

赵瑞琴常说："老百姓找到我们，说明信任人民法院，我们有责任为他们排忧解难、依法维权、伸张正义。"作为法官，头顶的是国徽，代表着国家的尊严，党和人民的希望；肩扛天平，象征着社会的公平和司法的正义。

就是怀揣这样的信念和理想，时刻铭记为人民服务的初心，才有了人民的法官赵瑞琴。

李　莉　扎根民事审判的边城法官

李莉，陕西西安人，1975年8月生，1996年9月参加法院工作，中共党员。现任新疆生产建设兵团第八师中级人民法院民一庭庭长。曾获得"全国优秀法官""全国模范法官""兵团先进工作者""师市先进工作者"等称号，荣立个人三等功2次。

"法官的良知不仅仅体现为公正平等尊重，还体现在为了查清案件事实，要不怕麻烦、不嫌啰唆、不怕辛苦上。"这是李莉经常挂在嘴边的话。

自1996年从西北政法大学毕业后到八师中级人民法院工作以来，李莉已经在民事审判一线工作了20多年。民一庭大多是审理婚姻家庭、民间借贷、人身损害赔偿等传统民事案件，也就是老百姓家长里短的纠纷。在石河子这个边疆小城，这样的案件大多都是当事人自己应诉，很少有人请律师。因此，民一庭除了审理案件，很多时间都用来做普法工作。

"一句话把人说笑，一句话把人说跳，就看你怎么说。"李莉对向当事人做普法和调解工作很有心得，"其实绝大部分都是讲道理的人，一些看似不讲道理的人，其实还是因为内心觉得委屈，或者性格偏执一点，真正不讲道理的人还是少。作为一名法官，自己的心态首先要调整好。"

抱着这样的心态，李莉开庭和接待当事人时始终保持平易近人的态度，即使当事人发脾气拍桌子，她也能用几句看似平常的话让当事人安静下来。她在办案中突出一个"细"字：对案件事实细查，对案件证据细审，对当事人做工作细心。案件无论是判决还是调解，她都会在审清事实的基础上，以透彻的法理赢得当事人的尊重与钦佩，做到调判皆以理服人。

"虽然在别人眼中，法官这个职业是严肃而冷漠的，但是我觉得作为法官，最基本的是要有一颗善良的心。"说起如何做一名好法官，李莉脱口而出，"这样你才可能用平等尊重、积极关注的态度真正去解决纠纷，而不只是作出一个判决。"

方金刚　用生命诠释新时代奉献精神

方金刚，湖南澧县人，1965年12月生，1995年6月参加法院工作，中共党员。最高人民法院第四巡回法庭原主审法官、三级高级法官。2017年10月17日，在工作中突发疾病，经抢救无效，不幸离世，年仅51岁。被追授"全国优秀法官""全国模范法官"称号。

方金刚是新时代的优秀法官。他1995年参加法院工作，22年来始终以合格党员标准严格要求自己，坚定理想信念，坚守法治信仰，兢兢业业，埋头苦干，从一名普通的书记员成长为最高人民法院高级法官，在民商事审判、司法改革、审判理论研究、国际司法交流等多个领域作出了重要贡献。

作为一名有着23年党龄的老党员，方金刚在谈及当年为何入党时说："首先，我入党是受孔繁森同志事迹的影响；其次，我们国家有很多优秀人才在党内，一个人要干点事，就要加入一个群体，一滴水落在地上留下一点痕迹会很快消失，汇入大海却可以掀起惊涛骇浪，要做事情靠一个人是不行的。"

2010年7月，方金刚主动申请援藏工作，是最高人民法院机关第六批援藏干部中年龄最大的一位。援藏期间，他克服高原缺氧、水土不服等困难，凭着顽强的意志勤奋工作，3年里从未请过一天假。他高效审理各类民事案件110多件，积极指导帮助全庭同事提高司法业务能力，使所在的民一庭连续3年被评为先进集体和学习型党支部。他积极落实智力援藏，深入林芝、山南、昌都、那曲、日喀则等艰苦地区调研，想方设法为藏区干部群众排忧解难。

方金刚对人民群众怀有深厚的感情，时刻牢记"全心全意为人民服务"的宗旨。他常说，法官手中的权力来自人民，应该更好地服务于人民。他为人直率、严谨认真，清正廉洁、勤勉办案，始终把党和人民的利益、人民司法事业放在最高位置，把全部精力都投入审判工作中，自觉站到司法改革的前沿，用生命诠释了新时代共产党员、人民法官为了人民司法事业鞠躬尽瘁、死而后已的精神。

检察系统

（35名）

姜淑珍　初心如磐，奋勇争先

　　姜淑珍，辽宁丹东人，1972 年 12 月生，1999 年 8 月参加检察工作，中共党员。现任北京市顺义区人民检察院党组书记、检察长。曾获得"全国先进工作者""全国十佳公诉人""北京市市直机关优秀共产党员"等称号，荣立个人一等功 1 次、二等功 3 次、三等功 3 次。

　　从初出茅庐的检察新兵，到刑事检察一线的业务专家，再到基层院的检察长，姜淑珍"做法治中国首善之区建设者"的初心从未改变。

　　在北京市人民检察院工作期间，她参与创建多项工作机制，进一步推动了刑事检察工作的专业化、规范化建设。2016 年，司法体制改革逐步展开，如何全面落实强化司法人员专业化建设的要求是重中之重。在姜淑珍提请下，院领导指派她负责经济犯罪检察、国家安全和公共安全检察专业化部门设立可行性的调研。没有可借鉴的经验，姜淑珍就与办案人员深入座谈，去兄弟单位求教，起草完成调研报告。报告中的建议基本得到采纳。在改革中，北京市三级检察机关设立了 10 个专业化经济犯罪检察部门，北京市人民检察院设立了国家安全和公共安全检察部，拉开了北京市检察专业化建设的新篇章。

姜淑珍所在部门进一步负责牵头全面推开"专业平台、专业素质、专业工具三位一体"检察专业化建设。她牵头拟定《北京市检察机关深入推进"三位一体"检察专业化建设试点工作实施方案》，涵盖 12 个方面 25 个项目，并负责协调这项工作的推进。此后半年间，全市各院共举办专业化培训 271 场，完成专业调研课题 237 个。

专业化建设成效初现，以改革时设立的 10 个专业化经济犯罪办案部门为例，近几年所办理案件捕后、诉后无罪率均为零，不捕复议复核率、起诉后撤回起诉率、不起诉复议复核率等均创新低。在金融案件连续逐年大比例递增、电信网络诈骗案等大要案多发的情况下，办案质效得到保证。北京市检察机关金融检察、知识产权检察及科技犯罪、电信网络犯罪检察等专业化团队品牌初步形成。

2021 年 12 月，姜淑珍全票当选北京市顺义区人民检察院检察长。她锚定重点工作，积极开展金融检察、知识产权检察工作，成立知识产权检察办公室；推进公益诉讼，保护区域生态环境及食药安全；以做好北京冬奥会、冬残奥会服务保障工作为契机，将无障碍环境建设作为特殊群体权益保障新领域重点开展专项监督。

刘家卿　敢打硬仗的铿锵玫瑰

　　刘家卿，天津人，1981年7月生，2005年6月参加检察工作，中共党员。现任天津市人民检察院第一分院第三检察部主任、三级高级检察官。曾获得"全国模范检察官""全国检察业务专家""全国优秀女检察官""全国十佳公诉人""全国三八红旗手"等称号。

　　站在惩治贪污腐败的办案一线，面对的是善于隐匿证据、手法多变的犯罪分子，遇到的多是难啃的"骨头案"。在一次次正义与邪恶的较量中，天津市人民检察院第一分院第三检察部主任、三级高级检察官刘家卿以法为剑、以理为刃，坚守着正义，维护着法律的尊严。

　　"她像一朵魅力无限的铿锵玫瑰。""她克服同时办理多个专案、孩子年幼、长期出差的困难，先后参与了多起省部级以上重大职务犯罪案件的审查起诉工作。""从检17年来，她坚持苦练本领、执法为民、敢于担当、敢打硬仗，始终奋战在反腐一线。"……提起刘家卿，同事们如是说。

在全国扫黑除恶专项斗争中，刘家卿办理一起"零口供""保护伞"案件时，犯罪嫌疑人收受行贿人一辆轿车拒不承认，声称是"借款买车"。刘家卿带领团队夜以继日地梳理证据，制定补查提纲，最终让犯罪嫌疑人在证据面前认罪，主动退赃 30 万元。

为了高质量完成出庭公诉任务，刘家卿和办案组成员把每起案件的大量案卷"吸收消化"，再用多媒体方式清晰展示证据和事实，开创了职务犯罪大要案出庭示证的"天津模式"，被最高人民检察院在全国推广。同时，她带领部门检察官总结十余年办案经验，编写了《审查起诉案件常见证据问题集述》一书，为提高职务犯罪案件办案质量作出了积极贡献。她撰写的《庭前会议公诉实务研究》等 20 余篇文章刊登在检察领域专业刊物上。

"全国模范检察官""全国十佳公诉人""全国三八红旗手"等称号是对刘家卿辛勤奋战的认可。她作为全国检察英模代表，还受邀参加了庆祝中国共产党成立 100 周年大会。

王 丽　倾尽心血汗水，维护公平正义

王丽，河北卢龙人，1976年10月生，1997年10月参加检察工作，中共党员。现任河北省秦皇岛市卢龙县人民检察院检委会专职委员、一级检察官。2021年5月日，因积劳成疾，不幸去世，年仅45岁。被追授"河北省模范检察官""秦皇岛市优秀共产党员"称号。

"艰苦工作就像担子摆在我们面前，就看我们敢不敢承担。"王丽曾在工作日志中这样写道。

田间地头、警车里、医院里……司法办案中取证工作量大，王丽的取证地点各种各样。她努力把每一个案件都办成政治效果、社会效果、法律效果统一的优质案件。

在一起案件中，卢龙县某村干部勾某未经国土部门批准，擅自在本村和其他两村交界的耕地上非法采矿，形成了面积达20多亩、深几十米的矿坑，该案久拖难决。王丽接到案件后，利用中午和晚

上时间，和同事着便装、骑自行车到现场取证，饿了吃口烧饼，渴了喝口凉水，晚上就趴在桌子上和衣而眠。群众深为感动，纷纷提供有力证据。她还从卢龙县档案局调取三个村自 1994 年以来的分地台账，逐页翻查、对照。通过比对，查实了每户被占用耕地的亩数和具体地理位置，并绘制成图，确定了勾某非法占用农用地的犯罪事实。

2014 年，卢龙县检察院成立了案件管理办公室，王丽被任命为第一任案管办主任。她迎难而上，在网上操作系统及各业务条线规范性指引尚未健全的情况下，组织干警反复试验、详细记录，仅用时 3 个月自行编写了近 5 万字的《卢龙县检察院网上操作规范》，成为全市检察机关案件管理工作的排头兵。

2019 年 7 月，一起涉黑案件被指定由卢龙县人民检察院办理。牵头办案的王丽和同事们逐起核查追查案情，逐人定性定罪，经常马不停蹄往返于各个办案地点，每一个环节都付出了大量心血。她经常到深夜才拖着疲惫的身体回到家中。从 8、9 月份开始，王丽时常腰疼、腹疼。

2020 年春节过后，新冠肺炎疫情暴发，王丽就带领同事们采取身穿防护服、网络视频等方式开展工作。有一次情况紧急，需要连续提审犯罪嫌疑人，她一天之内驱车数百公里，奔波 4 个看守所，提审了 7 个犯罪嫌疑人，硬是扛着病痛没吭一声。

王丽把一生融入检察事业，在人生的最后时光，不顾病痛，奋战在办案一线，为维护公平正义倾尽生命。

周　艳　勤奋作底，正义为剑

周艳，黑龙江哈尔滨人，1975 年 3
月生，2007 年 10 月参加检察工作，中共
党员。现任山西省太原市人民检察院驻第
三看守所检察室主任、四级高级检察官。
曾获得"全国模范检察官""山西省杰出
政法干警""山西省三八红旗手""山西
省五一巾帼标兵"等称号。

　　从事检察工作 15 年来，周艳全身心投入挚爱的检察事业，以
赤子之心书写为民情怀，以"匠心"精神一丝不苟、精益求精打磨
每一起案件。

　　法之必行，在于民心所向。在 550 余件案件的磨砺中，周艳努
力让群众在每一个司法案件中感受到公平正义，逐渐锻炼成长为大
家心目中实至名归的"专家型"业务人才。她富于创造、勤于总结，
注重"跳出办案看办案"，拟定工作机制 9 项，在国家和省级刊物
上发表研究文章近 20 篇，先后荣获全国检察机关检察基础理论研

究成果三等奖、山西省检察理论研究成果一等奖，承担了全国检察理论研究课题，所授课程还入选全国检察机关精品讲堂。

周艳先后办理了广受关注的太原市晋源区强拆致人伤亡案和太原市迎泽大街爆炸案。扫黑除恶专项斗争中，周艳受命主办全国扫黑办、公安部、最高人民检察院共同督办的任某某等人黑社会性质组织案。她聚焦黑社会性质组织经济基础这一薄弱环节，提出近百条针对性取证意见，引导侦查机关及时查扣并持续追缴涉黑财产，为彻底"打财断血"奠定了坚实的证据基础，受到高度好评。

周艳视学习为生命、勤奋钻研业务，每次开完庭，都会对庭审进行"复盘"，总结自己的表现。她办理的高某某强奸抗诉案，经过两次艰难抗诉最终成功，被评为"全国检察机关精品刑事抗诉案件"。

白　静　为公共利益维权，为国家利益发声

　　白静，蒙古族，辽宁沈阳人，1983 年6 月生，2010 年 12 月参加检察工作，中共党员。现任内蒙古自治区呼和浩特市人民检察院检察委员会委员、第八检察部主任。曾获得"全国先进工作者""全国模范检察官""内蒙古自治区劳动模范"等称号，荣立个人二等功 2 次。

　　2010 年，白静考入内蒙古自治区呼和浩特市人民检察院，被分到民事行政检察处，每天面对申诉群众渴求希望的眼神。从无从下手，到能精准判断案件的核心问题；从最开始面对当事人感到紧张，到后来心平气和化解怨气，解决问题，白静始终坚持把每一件涉群众利益的"小案"都当作天大的事来办，让司法既有力度，又有温度。

　　白静转为公益诉讼工作团队负责人后，和团队一起创造了多个全区首例——首例民事公益诉讼案件、首个公益诉讼白皮书等。她

们还创立了"检益青城"工作品牌。

几年来，她和同事全程跟踪参与了呼和浩特市所有公益诉讼案件，督促清理大青山国家级自然保护区内违法开采的企业51家，督促整治41家危害水源地安全的企业，督促207家不符合规定的网络外卖商户下线……

新冠肺炎疫情暴发后，白静主动申请参加市检察院"疫情防控突击队"，深入包联社区做志愿服务者。她指导基层院办理涉疫公益诉讼案件10余件，充分发挥检察职能，保障了疫情防控秩序。

办案之余，她积极参与依法行政培训，先后为呼和浩特市生态环境局等20多个行政机关开展专题法治讲座。她作为内蒙古自治区人民检察院公益诉讼专家，指导组成员和专班核心骨干为全区检察人员集中授课，为9个盟市检察机关实地巡讲。她录制的"网络微课程"被最高人民检察院收录进中国检察教育培训网络云课堂，成为全国业务条线的"必修课"。

为及时回应"依法保护未成年人"的社会期盼，白静在担任院团支部书记期间，组建了"首府青年检察志愿者服务队"，与未成年检察部门共同组建了全市检察机关"法治宣讲小组"，开展"送法进校园"活动。同时，她还担任了呼和浩特市职业技术学院法治副校长。

苏凤琴　择一事，终一生

苏凤琴，山东临沂人，1979 年 4 月生，2004 年 5 月参加检察工作，中共党员。现任辽宁省丹东市人民检察院第一检察部主任、检委会委员、四级高级检察官。曾获得"全国先进工作者""全国人民满意的公务员""全国模范检察官""全国优秀公诉人"等称号。

2022 年 1 月，中央政法委评选出 200 名"双百政法英模"，辽宁省丹东市人民检察院第一检察部主任苏凤琴位列其中。这也是苏凤琴继"全国先进工作者""全国人民满意的公务员""全国模范检察官""全国优秀公诉人"之后，获得的第五个"国优"称号。

总有人说苏凤琴脑子好使，对法条信手拈来，对案件过目不忘，但这些都是她夜以继日、扎根岗位的结果。

"再难的案子，只要狠下心来研究，也能找到突破口。"在办理一起涉案金额高达 5 亿余元且"零口供"的职务犯罪案件时，她理顺取证思路、提出审查意见、闭合证据链条，最终凭借着扎实的证据，让所有犯罪事实得到准确认定。

从事检察工作以来，苏凤琴所办理和复核的 900 余起案件，件件保质保量，在辽宁省"十大精品案例"和"十佳公诉庭"评选中先后 6 年榜上有名。她曾主办中国足协原副主席谢亚龙和原裁判员陆俊、黄俊杰等足协"206"专案、电力"719"专案、辽宁省营口市人大常委会原副主任李思福等专案 20 余件，均优质高效地完成了办案任务。

苏凤琴立足本职岗位勤勉尽责，清正廉洁公道正派。她办理专案有质效，诉讼监督见成效，对下指导保良效，为民司法取实效，为所在地区在营造良好的法治环境、维护公平正义、推动社会综合治理、办好检察为民实事方面作出了贡献。

择一事，终一生。对苏凤琴来说，因为热爱而选择，更是因为选择而终生坚守。在第一届辽宁省委政法委"榜样的力量"先进事迹报告会上，她总结的"传承、情怀、精品、积淀、团队"五种公诉精神，在全省政法干警中引起强烈反响。

郭恩慧　用坚守诠释奉献

　　郭恩慧，吉林延边人，1965 年 3 月生，1990 年 8 月参加检察工作，中共党员。现任吉林省长春铁路运输检察院党组成员、副检察长。曾获得"全国人民满意的公务员""全国模范检察官"等称号，荣获吉林省五一劳动奖章，荣立个人二等功 2 次。

　　1990 年，郭恩慧被遴选到长春铁路运输检察院。成为公诉检察官后，他在主办一起涉及 110 多笔、数十人的某铁路站区特大团伙盗窃、销赃案件时，克服铁路运输专业性强、嫌疑人分散交叉等巨大困难，公诉并追诉一人，使铁路区域治安明显改观。

　　2009 年 4 月，担任副检察长不久，郭恩慧被诊断为肾癌晚期转移至肺。然而，他在大手术后仅一个月就返岗复工。当年，他分管的案管工作位居基层院榜首，基础资料及管理无一差错。

　　2016 年，郭恩慧分管职务犯罪和控告申诉检察部职务犯罪后，案件立案数和人均办案数历史性跻身全国铁检院榜首。

2017年3月，虽然病情恶化咳血，但他坚决要求领办最高人民检察院交办疑难复杂案件，询问证人50余次，辗转多省取证300余份，耗时数月，圆满完成任务，得到了最高人民检察院高度肯定。他聚焦在押人员合法权益，在全省率先办理24件羁押必要性审查案件，2件被最高人民检察院评为十大精品案件和优秀案件。

2018年，郭恩慧分管负责控申、刑执、督察、案管等业务，对口众多细碎繁杂。他深挖潜能，积极创新，延伸监督，年度考核又蝉联全省系统第一。

2019年，他直接承办7起羁押必要性审查案件。他率先提出对旅客列车饮用水安全实施检察监督，上升为吉林铁检分院的专项行动，获吉林省"建功十三五"突出业绩项目一等奖。

2020年9月，郭恩慧的癌症再度恶化，做了三级、四级两个大手术。在去医院做手术前两天，他还加班到深夜，带法警押送涉恶犯罪嫌疑人。

郭恩慧的坚持、乐观、睿智、豁达，激励和带动着身边同事。正是由于他们的努力，长春铁路运输检察院荣立最高人民检察院集体一等功，被评为省模范集体。

孔祥森　让检徽闪耀不平凡的光彩

孔祥森，山东巨野人，1967 年 2 月生，1992 年 7 月参加检察工作，中共党员。现任黑龙江省七台河市检察院第四检察部主任、四级高级检察官。曾获得"全国先进工作者""全国模范检察官""黑龙江省政法公益诉讼部门标兵"等称号，荣立个人二等功 2 次、三等功 10 次。

孔祥森秉持创新思路，以赤诚之心回应群众信赖。群众利益无小事，案件并无大小分。2016 年，孔祥森承办孙某申请的民事检察监督案件中，在认真查看申请材料和法院调解认定事实后发现，孙某持有朱某向张某借款的欠条及抵押平房的产权证，但调解书中并没有陈述房子抵押借款的事实。经初步判断，此案涉嫌虚假诉讼。在调查走访后他发现，王某向法院主张撤销换房协议的事实和理由不能成立。在固定相关证据后，检察机关依法提出再审检察建议。法院随后作出再审判决，撤销了原审调解，孙某的合法权益得到了保护。

孔祥森调任第六检察部主任，负责公益诉讼检察工作后，带领公益诉讼部门认真筛查比对公益诉讼案件信息，以医疗垃圾和医疗废水处理为突破口，率先在全市开展了医疗废物处置公益保护法律监督专项活动。经过协调、督促相关部门履行监管职能，医疗垃圾污染得到了有效治理。专项活动的开展推动了七台河市医疗废物管理条例出台、黑龙江省人民代表大会常务委员会关于批准七台河市医疗废物管理条例若干规定的决定获得全票通过，为全国公益诉讼检察提供了范本。

公益诉讼部门进一步开展工作，涉及七台河市食品安全和生态环境保护和燃气安全等领域，其中燃气安全系列案件被最高人民检察院和应急管理部选为安全生产领域公益诉讼典型案例。

孔祥森始终秉持"讲忠诚、爱人民、守清廉、创平安"为核心的新时代"东莱精神"，厚植传承"枫桥经验"，认真践行"双赢、多赢、共赢"的司法理念，充分发扬精益求精、一丝不苟、追求卓越的检察工匠精神，推动新时代检察工作跨越式发展。

施净岚　守望正义的检察官

施净岚，浙江宁波人，1974 年 11 月生，1994 年 9 月参加检察工作，中共党员。现任上海市浦东新区人民检察院第七检察部（金融检察部）主办检察官。曾获得"全国先进工作者""全国模范检察官""全国三八红旗手""上海市人民满意的公务员"等称号。

从一名懵懂的书记员，逐步成长为主办检察官，陪伴施净岚的是检察人的梦想。

2014 年，上海作为司法责任制改革试点地区，率先推行员额制改革，她成为上海市人民检察院二分院首批入额检察官，负责办理无期徒刑以上重特大疑难复杂案件。

2017 年，检察改革进入攻坚期，施净岚积极响应组织号召，主动投身司法责任制改革最前沿，成为浦东新区人民检察院一名基层一线主办检察官。

施净岚带领的金融检察办案团队刚成立，就接手了一起棘手案件——侵犯某著名网络公司著作权案。该公司一款新产品被"山寨"3995款，造成损失数百亿元。该案中犯罪嫌疑人都是黑客"高手"，作案手法极其隐秘。案发后，服务器、手机内的关键电子数据全部被清空，调查取证非常困难。

面对高智商且"零口供"的新型互联网犯罪，施净岚经过2个多月梳理和补充取证，熟悉陌生的技术，并将整整400G的电子数据交叉比对形成一张层层穿透式的证据构架图。经过连续3天的激烈庭审，法庭认定检察机关指控犯罪事实和罪名成立。该案被评为全国知识产权保护典型案例。

在此基础上，施净岚带领办案团队总结经验，大胆探索尝试，参与制定主办检察官办案权力负面清单，全面落实"谁办案谁负责，谁决定谁负责"，明显提升了办案质效。此后，他们又成功办理金融、知识产权、互联网等新类型和疑难复杂案件300多件。

"追梦，就要争做锐意改革的先行者，始终把维护公平正义作为价值追求，以求极致的精神把每一个案子办成铁案。"施净岚如是说。

饶本东　让当事人感受到法律的精度和温度

　　饶本东，江苏徐州人，1982年12月生，2005年8月参加检察工作，中共党员。现任江苏省徐州市人民检察院第一检察部主任、四级高级检察官。曾获得"全国平安英雄""全国优秀公诉人""江苏省人民满意政法干警"等称号，荣立个人一等功1次、二等功1次、三等功3次。

　　饶本东先后办理300余起案件，参与多起省部级干部职务犯罪案件的审查调查工作。

　　在办案中，饶本东执着追求真相，坚守法律信仰，守护公平正义，诠释忠诚初心。

　　2013至2016年，孟某等人盘踞在微山湖水域非法采砂，危及微山湖大堤安全，严重破坏湖区生态平衡，影响南水北调工程，也使渔民生活难以为继。

　　江苏省徐州市人民检察院对孟某团伙中一起量刑畸轻的非法

采砂案件抗诉时发现，该团伙成员竟有 19 起关联案件，办案团队认为这很可能是被掩盖的"砂霸"性质的涉黑恶案件。饶本东带队通过串并案审查，发现遗漏聚众斗殴、寻衅滋事、强迫交易、故意伤害等大量犯罪线索，并到微山湖周边自行调查取证。最终，该案涉黑组织成员 18 人、"保护伞" 5 人被绳之以法。追诉、抗诉、立案监督、破网打伞、移送案件线索，此案监督事项多达 34 项，办案经验做法被最高人民检察院推广。

让当事人感受到法律的精度、人性的温度、检察工作的厚度，是饶本东办案的追求。

饶本东先后起草了江苏省检察机关《故意杀人案件证据审查指引》《排除非法证据的规定》、徐州地区《毒品案件办理指南》等文件。为提升全市检察机关公诉水平，饶本东牵头组织了为期 3 年的全市检察机关听庭评议活动。他旁听了 100 多个案件的庭审，对全市每名公诉人的风格如数家珍，全力做好传帮带，徐州公诉团队涌现出了一批"全国优秀公诉人""全省十佳公诉人"，实现了从个体突破到团队成长的良性循环。

王　勇　新时代检察理念的践行者

王勇，山东滨州人，1975年1月生，1995年12月参加检察工作，中共党员。曾获得"全国先进工作者""全国人民满意的公务员""全国模范检察官""全国十佳公诉人""全国检察业务专家""江苏省最美青年检察官"等称号，荣立个人一等功3次。

　　四川刘汉等人涉黑案、昆山反杀案、长江口垃圾倾倒案等这些全国有重大影响力的案件，都有他参与指导办理的身影。

　　他叫王勇，江苏省苏州市人民检察院党组副书记，苏州工业园区人民检察院党组副书记、副检察长，是推动"法不能向不法让步"法治理念深入人心的践行者。

　　从事检察工作以来，王勇以追求极致的精神扎根办案一线。这一路，作为检察官的他，不仅要考虑追诉犯罪者，还要保护无辜者、挽救失误者，始终坚持"如我在诉"。

"从公诉席上走下来，站在被害人，甚至是被告人的立场去思考他们的诉求。"这是王勇对"如我在诉"办案理念的诠释。他基于此提出"追诉犯罪者、保护无辜者、挽救失误者"。

冷静公正的司法可以使得案件的办理在舆论推动下成为绝佳的法治公开课。2018 年 8 月，"昆山反杀案"发生后，王勇率领团队主动介入引导侦查，提出事实认定和法律适用意见。在公安机关撤案后，王勇参与起草了案件相关通报，把"合法不能向不法让步"、正当防卫是"以正对不正"等法学理念向社会公众清楚阐释。他一直坚持通过司法实现"法安天下、德润人心"，赢得了社会各界的一致认可。

王勇担任分管领导后，认真履行检察官职权清单的监督指导职责，在修改、审批文书时，坚持专业精神，反复推敲，逐字核对。曾有一个案件的审批多次不成功，最后发现是因他的分析意见洋洋洒洒写了 1500 多字，超过了审批意见字数的系统设置。

他一直紧抓案件质量。2021 年，在江苏省涉及刑检工作的 15 项考核指标中，苏州有 10 项位居全省第一，认罪认罚案件的上诉率控制在 1% 以内，实现了"认罪认罚率高、办案效率高、审前羁押率低、上诉率低、申诉案件和复议复核案件低"的"两高四低"态势，人民群众满意度提升。

桑　涛　让检察事业薪火相传

桑涛，山东威海人，1968年7月生，1989年7月参加检察工作，中共党员。现任浙江省杭州市富阳区人民检察院党组书记、检察长。曾获得"全国优秀公诉人""全国检察业务专家""浙江省最美公务员""杭州工匠"等称号，荣获杭州市五一劳动奖章。

　　桑涛从检以来，办理案件3000余件，无一错案。他精通检察业务，曾主办了一大批在浙江省乃至全国范围有重大影响的案件。他锐意改革，开拓创新，发现问题及时加以研究，并将研究成果在实践中先行先试，所做的多项创新在全国被推广。

　　2018年4月，杭州市萧山区人民检察院办理一起性侵未成年人案件时提出了对侵害未成年人案件实行强制报告的思路，时任杭州市人民检察院未成年人检察处处长的桑涛敏锐地意识到，这是有效保护未成年人不受不法侵害的重要举措，立即指导建立起全国首个侵害未成年人案件强制报告制度。这项制度创新被写进修订后的《未成年人保护法》。

为进一步加强对新型电信网络犯罪的打击和治理，提高网络犯罪案件办理质效，促进网络犯罪理论研究，2020年他牵头成立了杭州市检察机关网络犯罪专业办案团队，通过案件专业化办理历练队伍，培养造就一批会办案、有理论、懂专业的检察干警。他们与公安机关建立了常态化协作机制，共同构建"大控方"格局，形成打击合力，延伸综合治理，很快形成了惩治网络犯罪、维护网络安全的"杭州模式"。

2020年初，桑涛创造性地借鉴防疫"健康码"理念，率先提出利用数字技术降低审前羁押率的创新思路，并推动杭州市人民检察院联合杭州市公安局共同研发了刑事诉讼非羁押人员数字监控系统"非羁码"。"非羁码"的使用，缓解了刑事诉讼中的多方对抗，有效推进了诉源治理，也为服务"六稳""六保"提供了有力司法保障，被评为"全省改革创新最佳案例"和全省检察机关创新成果。

他指导办理的余杭区"女子取快递被造谣出轨"自诉转公诉案件，被评为2020年度全国十大法律监督案例。他还指导办理多个网络犯罪全国指导性案例。

业余时间，桑涛完成了10余本业务专著，还常年担任全国检察教育讲师团成员，讲授的课程被评为全国检察教育培训精品课程，努力实现检察事业的薪火相传。

蒋春尧　痴心为检察事业，倾情为民办实事

蒋春尧，浙江诸暨人，1965 年 12 月生，1991 年 12 月参加检察工作，中共党员。浙江省杭州市人民检察院第七检察部原主任。2021 年 10 月 19 日，在工作中突发疾病，经抢救无效，不幸离世，年仅 55 岁。曾荣立个人三等功 5 次。被追授"全国模范检察官"称号。

蒋春尧从刚进浙江省杭州市人民检察院的普通干警到担任领导职务，不管是被组织选派进入市"P2P"案件处置工作专班、挂职基层院副检察长，还是奔赴临安山区任农村指导员……他总是以自己的勤奋踏实工作，出色完成组织交办的每一项任务。

他始终坚持司法为民，依法办理了制售假冒名酒、非法生产注水牛肉等食药领域系列案件；他致力推进社会治理，联合市公安局、市人社局、市司法局等部门出台骗保领域刑事案件移送和查处工作实施办法等服务工作大局、保障民生民利的长效机制，彰显了一名

检察官执法为民的责任担当。

　　蒋春尧负责未成年人检察工作后，指导办理了浙江省首例涉未成年人彩妆行政公益诉讼案件、买卖未成年人个人信息网络民事公益诉讼案件，重拳打击危害校园安全、监护侵害、侵害农村留守儿童和困境儿童等涉未领域各类犯罪，持续推进"一站式"办案机制，推进"法治进校园"常态化、制度化，依法守护、精心呵护祖国的花朵。

　　蒋春尧为检察事业发展全身心投入，带队前往桐庐备战第三届全省未检岗位练兵，帮助选手们搜集整理各种法条、案例，答疑解惑。其间，如遇到单位有事要处理，他就独自背着双肩包，坐高铁返回，时间晚了就在办公室将就一晚，第二天一早又坐高铁赶回集训点。

　　在那次竞赛中，他指导的杭州3名选手，有2人获评业务标兵、1人获评业务能手，取得百分百上榜的傲人佳绩。

　　从检31年，蒋春尧始终本着对检察事业、对人民高度负责的态度，稳得住心神，耐得住清贫。他任负责人时，侦查监督处曾被杭州市检察院记集体三等功，第七党支部曾被中共杭州市委政法委评为"2020—2021年度杭州市政法系统最强党支部"。

王　敏　用生命守护公平正义

王敏，安徽六安人，1968年4月生，1988年8月参加检察工作，中共党员。安徽省六安市舒城县人民检察院原副检察长。2021年6月19日，工作中突发疾病，经抢救无效，不幸离世，年仅53岁。曾荣立个人三等功2次。被追授"全国模范检察官"等称号。

王敏生前常教导年轻干部："我们办的可能只是一个普通案件，但对于当事人来说，可能会影响他的一生。"

他30多年如一日，办理近2000件案件，对每一件案件都孜孜不倦求极致，无一错案，无一引发信访。在扫黑除恶战场上，王敏主办、领办全县全部3起涉黑案件，6万多页卷宗，一页一页细致审查，精准认定犯罪事实。涉案金额高达2亿多元的非法吸收公众存款案，他仔细核对每一张收条、认真计算每一笔涉案交易记录。

"作为一名检察干部，我决心把自己的一切交给党。"王敏曾在入党申请书中庄重许下这样的诺言。战"贫"，他 1990 年就第一时间提出申请，3 年吃住在农村；2018 年又响应党中央号召，积极参与脱贫攻坚。战"洪"，他冲锋在前，带领村民打木桩、扛沙袋、堵管涌，成功抵御了特大洪水。战"疫"，他主动请缨下沉社区、顶风冒雪、值守一线。在突发疾病的前两天，他还主动接替同事，在办案间隙，赴一线督导。

"人生的意义，不在于物质的厚度，而在于精神的高度。"这是王敏的生活写照。他被同事敬称为"法律活字典""王老师"。他把毕生所学毫无保留倾囊相授，帮助年轻干警成长，带出了一批业务尖子。他培养出来的有全国检察机关扫黑除恶先进个人、全省优秀公诉人等骨干人才和先进典型，他工作过的科室多次被省、市检察机关评为先进集体。

他生活俭朴、不慕功名，一个方便袋、一辆自行车和一身检察蓝，这是王敏生前"标配"，也因此被大家称为"自行车上的检察官"。他生活并不宽裕，每逢救灾、扶贫，却总是伸出援手、捐款捐物。王敏生前表达过捐献器官的意愿，家属遵从他的意愿捐出他的眼角膜，让两名患者重见光明。

吴美满　金融检察专业化路上的拓荒者

吴美满，福建泉州人，1974 年 5 月生，1995 年 12 月参加检察工作，中共党员。现任福建省泉州市人民检察院第四检察部主任。曾获得"守望正义——新时代最美检察官""全国检察机关首批优秀调研骨干人才""全国首批经济犯罪检察人才"等称号，荣立个人二等功 1 次。

吴美满是福建省泉州市人民检察院第四检察部主任。武汉大学刑法学博士毕业的她，是全省检察业务专家。

吴美满曾在福建省石狮市人民检察院从事刑事检察、公诉、控申、理论研究、案件管理督察等工作，先后 8 次承担"两法衔接""被害人救助""案管中心"等创新性工作，历经理论设计到跟踪改进等环节。

2016 年 3 月，吴美满受命组建全国首家地市级金融检察专业机构，打造专业化金融检察队伍。此后，她和团队在证券、走私等重大专业案件办理，知识产权快速维权等协作机制构建，金融风险防控及服务非公企业发展和金融消费者权益保护，理论研究和传播教学等方面均位居全国前沿阵地，在经济金融检察场域创新性地实践了"晋江经验"。

立足于不断优化良好的营商环境，吴美满带领团队主导推动构建"泉州国际品牌评估与研究中心""泉州知识产权信用分类分级监管体系"等创新举措，又联合市场监管局共建"知识产权馆"固化创新成果。

以实现经济犯罪治理能力现代化，提升对经济犯罪的打击管控能力，吴美满持续引领泉州经济金融检察工作打造"数字检察"应用场景，准确辨识案件性质精准打击零口供内幕交易犯罪、开展虚拟产业园区犯罪预防等工作。

依托"全国首批经济犯罪检察人才"及其团队和前沿技术，吴美满牵头成立"泉州市人民检察院经济犯罪大数据研究中心"，全面掌握犯罪治理的主动权。2020年3月牵头人民银行等部门联合开通"司法公信＋金融征信＋社会征信"复工复产融资服务"绿色通道"，建构起准确办理涉企案件、精准落实涉企刑事政策的"基础设施"。

吴美满自主研发的两门课程荣获全国检察教育培训精品课程，还竭尽所能参与培塑全国经济金融和网络治理人才梯队。

易　千　敢拔"硬钉子"，善啃"硬骨头"

易千，江西宜春人，1968年10月生，1994年11月参加检察工作，中共党员。现任江西省宜春市人民检察院检委会专职委员。曾获得"江西省优秀公诉人""江西省维护妇女儿童权益先进个人""江西省十佳女检察官""江西省三八红旗手"等称号，荣立个人三等功4次。

　　易千进入江西省宜春市人民检察院后，曾在办公室、机关党委、案管办、公诉处、第二检察部工作。她干一行、爱一行，钻一行、精一行，办理各类刑事案件600余件，阅读案卷4000多册，提审嫌疑人3000余人次，撰写各类公诉文字材料500多万字。

　　2018年2月5日，欧阳文明等15人黑社会性质组织犯罪案二审宣判，打响了江西扫黑除恶专项斗争的"第一枪"。该案涉及9个罪名126起违法犯罪事实，涉案人员多、时间跨度大。在案件办理过程中，面对116本案卷、2万余页材料，宜春市检察院第二检察部办案人员认真核实每一个细节、每一份证据，逐一研讨上诉人提出的每一项意见。不到 20 天，就形成了 10 余万字的案件审查报告，成功使这个盘踞 10 余年的黑社会性质组织认罪服法。

敢拔"硬钉子"，善啃"硬骨头"，全国扫黑除恶专项斗争中，易千带领第二检察部干警勇担政治责任，彰显检察作为。她指导办理重大涉黑涉恶案件 41 件，办理中央、省委高度关注的重特大涉黑涉恶案件 10 件、270 余人，审阅卷宗近 2000 卷，提出引导取证意见 3000 余条，追加起诉 4 人、犯罪事实 67 笔，摸排并移送涉黑涉恶及"保护伞"线索 171 条，追赃挽损逾 14 亿元。

她和团队连续创造了"三个一"纪录：涉黑涉恶案件办案数全省市级检察院第一，涉黑涉恶案件办案质效全省市级检察院第一，监督侦查机关查办洗钱犯罪办案数全省市级检察院第一，并做到了办理一案治理一片，净化社会环境，让人民群众有更直接、更实在的获得感、幸福感、安全感。

2021 年，宜春市检察院第二检察部获评"全国扫黑除恶专项斗争先进集体""江西省检察机关重罪检察优秀办案团队"，多名同志被最高人民检察院、省和市扫黑除恶专项斗争领导小组表彰奖励，易千也被列入江西省检察机关"扫黑除恶专家人才库"。

念以新　为群众搭建"平安和谐线"

念以新，山东聊城人，1966年2月生，1989年7月参加检察工作，中共党员。现任山东省聊城市东昌府区人民检察院第五检察部四级高级检察官、"白云热线"办公室主任。曾获得"全国先进工作者""全国模范检察官""全国社会治安综合治理先进工作者"等称号。

山东省聊城市东昌府区人民检察院检察官、"白云热线"办公室主任念以新，坚守"白云热线"20年，接听服务电话38200多个，化解社会矛盾2850多起，为群众办实事3710多个，创造了许多不平凡的业绩。

工作中，念以新凭着对检察事业的执着追求和无比热爱，严格执法，秉公办案，带领"白云热线"办案团队，先后参与办理了唐某参加组织领导黑社会性质组织案、宋某刑事申诉案、刘某国家赔偿案和白某司法救助案等在社会上较有影响的各类大要案60多件，维护了法律的公正和群众的合法权益。

作为一名老党员，念以新始终以人民为中心踏实做事，摸索出了"心要热，脑要灵，脸要笑，嘴要甜，耳要听，手要握，身要平，腿要勤"的服务群众"八要工作法"，为老百姓排忧解难。他制定了新时代"白云热线"提档升级工程实施意见，以"履职尽心、群众满意"为主题，为人民群众提供更加优质、更加便捷的法治产品和检察产品。他倡议建立了热线与公安、法院等的联动机制；与市民热线、公安110等热线的联线机制；与内设业务部门的对接机制等，形成服务群众的"半小时服务网"，实现来电来访及时转办。

他扎根基层，坚持"白云热线"向基层、农村、企业、学校和监管场所的"六个延伸"，在辖区11个基层单位设立"白云热线工作站"；建设青少年、妇女儿童、职工维权岗，线下交流＋线上沟通，打通服务群众的最后一公里。他制作发放便民联系卡，方便群众随时找到他；他有一张地图，详细标注需要帮扶的困难家庭地址；他及时分析社情民意，为党委和政府决策提供参考依据。

疫情期间，念以新带领团队发挥线上服务的优势，24小时"不掉线"。他还带领"白云热线"志愿者帮社区战"疫"，给辖区群众送上防疫物资。

在念以新的带领下，"白云热线"成为百姓心中的"贴心线""平安线""和谐线""幸福线"。

朱金超　默默闪耀的检察之"光"

朱金超，河南西华人，1967年12月生，1989年7月参加检察工作，中共党员。河南省周口市西华县人民检察院第一检察部原主任、检委会委员、四级高级检察官。曾获得"河南省政法系统执法先进个人"等称号，荣立个人二等功1次、三等功2次。

仰面靠在椅背上，双手低垂，面前的办公桌上摆放着十几份摊开的卷宗，笔记本上留下了密密麻麻的案情分析。2021年9月1日，河南省西华县人民检察院第一检察部主任、四级高级检察官朱金超永远告别了他挚爱的检察事业。

他在连续主持研究4起案件后，因积劳成疾，心脏骤停，经抢救无效离世，年仅53岁。

消息迅速传开，同事和群众自发赶来，大家无尽怀念这位满怀热忱、忠诚、廉洁、担当的检察官。

1989 年 7 月，朱金超大学毕业后回到家乡，成为当时全县政法系统唯一的法学本科生。除了计财、装备和信息技术部门，他在其他部门都干过，院里一多半员额检察官是他亲手带出来的，重要案件也几乎都能看到他的身影。

"办案就是在办别人的人生，要兼顾天理国法和人情。""把案件每个细节推敲细，站在公诉席上才能有底气。"……他的办案理念和思路影响着一批又一批检察人。

翻看该院 2021 年汛情、新冠肺炎疫情防控工作群中的照片，几乎每张都有朱金超的身影：转移危险区域群众、加固险工险段堤坝、搬运防汛防疫物资。洪峰过境后，他又马不停蹄奔赴疫情防控一线，带领 16 名党员，协助分包小区落实值班驻守、排查劝返、疫情流调等防控措施，实现分包小区"零感染"。

朱金超离开了，却留下一道检察之"光"。他始终把党的事业放在心中最高位置，在扫黑除恶、脱贫攻坚等重大工作中，总是冲锋在前、勇挑重担，以实际行动诠释了对党的忠诚。

王朝阳　美好生活的公益卫士

　　王朝阳，湖北黄梅人，1971 年 10 月生，1993 年 7 月参加检察工作，中共党员。湖北省人民检察院第八检察部原主任、三级高级检察官。2021 年 1 月 2 日，在工作中突发疾病，经抢救无效，不幸离世，年仅 49 岁。被追授"全国模范检察官"等称号，以及湖北省五一劳动奖章。

　　王朝阳曾积极建言献策，推动湖北省在全国率先授权检察机关开展公益诉讼"等"外探索；曾每年坚持走遍全省 15 个市州分院，行程万余公里，参与的每一件重大、有影响和疑难复杂案件都深入现场走访、调查、取证。

　　为守护绿水青山，他推动建立长江流域生态环境保护跨部门公益诉讼协作机制、湖北省生态环境损害赔偿金制度，组织湖北检察机关开展"长江流域生态保护公益诉讼"专项行动，督促各地治理污染水域 8.78 万亩，清理河道 244.3 公里，恢复林地 3384.3 亩。

2019 年，在办理长江三峡库区码头船舶污染案过程中，他多次实地调查、反复沟通协调，推动当地政府投入 2500 多万元，建成了 5 个船舶污染物接收转运码头。在办理社会关注度较高的悬崖酒店侵占长江岸线资源案件过程中，他抵住诱惑，克服阻力，与地方政府和多个行政执法部门合力攻坚，拆除违法建筑，恢复江岸生态环境。

王朝阳始终把群众的小事当作自己的大事，策划组织全省检察机关开展"中小学校园、幼儿园及周边食品安全公益诉讼专项行动"，督促查处整治 4000 余家不合格网络餐饮商。新冠肺炎疫情期间，他不顾个人安危，深入武汉定点医院调查医疗废物处置情况，指导办理了防护涉疫案件 49 件，维护了公共利益和群众生命财产安全。

在服务保障乡村振兴战略方面，王朝阳主动谋划、系统推进全省检察机关开展公益诉讼专项监督行动，组织办理公益诉讼案件 2971 件，发出检察建议和公告 2612 件，提起诉讼 177 件。他还联合军事检察院在省内开展英烈保护专项公益诉讼活动，守护红色文化；组织开展高铁沿线安全公益诉讼专项监督活动，推动解决了一批重大安全隐患问题。

彭庆文　牵挂百姓的检察干部

　　彭庆文，湖南岳阳人，1962年7月生，1998年10月参加检察工作，中共党员。湖南省岳阳市岳阳县人民检察院原二级警长。2020年5月13日，在工作中因劳累过度，患肝胆管癌，医治无效，不幸离世，年仅57岁。被追授"全国模范检察干部""湖南省优秀共产党员"称号。

　　"始终认准祖国的需要就是我的选择。"彭庆文在入党申请书中这样写道。他用实际行动诠释了在党爱党的赤子之心。

　　1981年10月，彭庆文从军校毕业后，先在部队工作了17年，后转业到岳阳县人民检察院，并迅速成为办案的行家里手，历任反渎局副局长和反贪局副局长、教导员。从检多年以来，他办案细心严谨、一丝不苟，主办或参与办理重大案件34件，无一错案、未发生办案安全事故。

　　2017年4月，彭庆文响应组织号召，第一个签字自愿从副科实职领导岗位退居二线，但他并没有闲下来。领导询问他能否承担驻和谐村的扶贫任务时，彭庆文回复说"我是农民出身，还想做一点自己力所能及的事情"，就去驻村了。

彭庆文坚持记日记。驻村扶贫3年，他写了30多本工作日记，字里行间都是对困难群众的牵挂。

"贫困户没脱贫我不走，贫困村没摘帽我不走，贫困面貌没改变我不走。"彭庆文驻村扶贫第一天在日记中这样写道。

言出必行，行必有果。初到和谐村，彭庆文了解到有的群众对扶贫不满意。他与村民逐一谈话，发现意见集中在贫困户的认定上。

多次开展入户调查、反复对比后，彭庆文将原有的"关系户""人情户"等违规扶贫对象全部清退，和谐村贫困户由最初的147户核减到56户。

彭庆文给和谐村56个贫困户量身定制脱贫方案和举措。截至2019年底，和谐村贫困户人均年收入由原来的3000元增长至8000余元，综合贫困发生率降至0.7%，56户贫困户全部脱贫摘帽。

一个磨得起皮的黑色手提包用了十来年，没有太多的言语，没有什么惊天动地的大事迹——这就是彭庆文留下的生活缩影。但他给扶贫驻点村留下了通往乡村振兴的幸福路，给检察干警和党员干部留下了担当实干、无私奉献的精神遗产。

王　晖　重细节求极致的重罪检察官

王晖，湖南郴州人，1980年5月生，2004年7月参加检察工作，中共党员。现任广东省人民检察院第二检察部四级高级检察官。曾获得"全国先进工作者""守望正义——新时代最美检察官""广东省人民满意的公务员"等称号，荣立个人二等功1次。

王晖曾在基层检察院工作过多年，2010年经遴选到广东省人民检察院负责死刑二审检察工作。

他办理的案件多数为重大疑难复杂刑事案件，成功抗诉两起一审宣告无罪的命案，以求极致精神"在办案中监督"，历时3年将2个真凶追诉定罪（分别被判处死缓和无期徒刑）。其中，钟某某故意伤害抗诉案入选"2018年度全国十大法律监督案例"。

他走出办公室，走向关键物证、亲临案发现场，改变了审查案件卷宗的常规做法，形成以司法亲历性为核心的新审查方法。

他总结出"三亲自两沟通"办案方法，充分发挥检察机关处于刑事诉讼中间环节优势，既引导侦查从源头提高案件质量，又坚持证据裁判帮助法官作出正确判断，坚决防止冤假错案发生。

2016年9月，全国人大授权在广州、深圳等18个城市开展认罪认罚从宽制度试点工作。王晖作为广东省院此项工作的具体负责人，指导广州、深圳两市22个检察机关开展试点工作，草拟通知、请示、报告、总结等材料62篇24万多字，编写《刑事案件认罪认罚从宽制度检察适用指引》等，建立健全工作机制，提升司法质效，实现适用案件数量多、体量大、类型广、采纳率高、抗诉和上诉率低、息诉服判率高等效果，圆满完成试点任务。

他推动司法责任制改革在广东检察机关公诉部门落地落实，推进全省检察机关公诉部门建立健全检察官办案组织、权责体系和绩效考核等机制。

近几年来，王晖完成省级以上课题7个，发表论文17篇，其中13篇获省级以上奖励，编写书籍4本。他长期坚持潜心研究，成为一名专家型检察官——先后入选全国检察机关"重罪检察人才""死刑复核检察人才""统一业务应用系统人才""广东检察专门型人才"。同时，他还数次为全国检察机关、公安机关授课。

孔德雨　认真对待案件，真诚对待当事人

孔德雨，黑龙江五常人，1982年1月生，2013年9月参加检察工作，中共党员。现任广西壮族自治区南宁市人民检察院第五检察部主任、一级检察官。曾获得"全国检察机关民事行政检察业务标兵"等称号，荣立个人二等功2次、三等功7次。

"作为一名人民检察官，面对新时代人民群众的新要求新期待，需要更专业的知识储备和更全面的能力素养。"广西壮族自治区南宁市人民检察院第五检察部主任、一级检察官孔德雨说。

2013年9月，孔德雨从南宁市兴宁区人民法院调到市检察院民事行政检察处工作。他承办民事行政检察等案件600余件，帮助88岁老人于某解决因得不到赔付而长期申诉、信访的问题；帮助买到假酒的吕阿婆解开内心的郁结；组织召开案件听证会，给予与单位产生劳动合同纠纷的黄某等27名劳动者充分表达诉求的机

会……无论是争议标的额数千万的合同纠纷，还是只要求赔礼道歉的侵权案件，每一件他都认真细致、专业规范、高度负责，真正做到了带着责任去办案、带着温度去待人，努力做到政治效果、法律效果和社会效果的统一，赢得了群众的普遍赞誉。

"要永远怀着一颗敬畏之心办理每一个案件。办的案件越多，我越要谨慎。"孔德雨说，"这一路走来，最大的感触就是要认真对待案件，真诚对待当事人。"

在政法战线上奋斗多年，孔德雨始终牢记司法为民的初心和使命，坚持"以至公无私之心，行正大光明之事"，认真细致、专业规范办理每一件案件，把法与情处理得恰到好处，赢得了群众的信任，也获得了领导和同事们的认可。

徐　贺　精研业务，守护正义

　　徐贺，江苏徐州人，1982年2月生，2010年3月参加检察工作，中共党员。现任海南省人民检察院第一检察部一级检察官。曾获得"全国优秀公诉人""海南省先进工作者"等称号，荣获海南青年五四奖章，荣立个人二等功1次、三等功2次。

　　徐贺工作作风踏实，十年如一日坚守办案一线，精研业务，勇挑重担。特别是在扫黑除恶专项斗争中，他成功办理了一批大要案。

　　法庭是公诉人的"战场"。在吴某涉黑案件的庭审中，110名涉黑组织成员被公诉，169名辩护人出庭辩护。作为案件主办检察官、第一公诉人的徐贺，将全部"举证提纲"提前交予辩护律师，并促成控辩审三方就举证方式达成一致意见，即简单案件的证据一并出示，疑难复杂争议较大案件就关键证据逐一出示。

　　在法庭听取被告人、辩护人意见、讯问被告人时，徐贺建议从真诚认罪悔罪的被告人开始，再让认罪态度差的被告人到庭，避免层级较低且认罪认罚的被告人受到骨干或组织、领导者的影响，同时让认罪态度差的被告人受到强大的心理威慑。公诉人在发表公诉意见时，及时归纳总结庭审中的焦点问题，结合各被告人的表现进行法庭教育，让被告人充分认识到自己的行为危害。

在 16 天的庭审中，这一系列举措推动了庭审有序进行，公诉人的精彩表现获得了广泛称赞。

2019 年 6 月，在某涉黑案件中，涉案人数近 200 人，犯罪事实近百起，需要数十名检察官审查起诉才能如期完成工作，而当时海南检察系统任何一个检察院都不能单独完成这项工作。

任务紧急，徐贺经过反复研究论证，提出了"以省检察院发布调用决定的方式赋予被调用检察人员办案身份"，工作方案经层报最高人民检察院批准后，海南省检察院调用 78 名检察人员组成专案组。此项适应办案需要、全省"一体化调配"办案力量的做法入选第八批海南自由贸易港制度创新案例，也被最高人民检察院在全国范围内推广。

徐贺还被称为"徐教头"。2019 年以来，他为全省刑检部门培训出包括在竞赛中获"业务能手""全国优秀公诉人"称号的一大批业务骨干。

柴冬梅　求极致，勇担当

　　柴冬梅，陕西华阴人，1976年11月生，1999年7月参加检察工作，中共党员。现任重庆市人民检察院第五分院派驻女子监狱检察室主任。曾获得"平安中国建设先进个人""2021年全国检察机关优秀办案检察官"等称号，荣立个人一等功1次、三等功2次。

　　柴冬梅是重庆市人民检察院第五分院派驻女子监狱检察室主任，一名兢兢业业扎根驻狱一线的刑事执行检察官。

　　从检23年来，她在办案中求极致、敢监督，努力做好高墙内公平正义的守护者；她宽严有爱，让司法既有力度又有温度；她干一行、爱一行、钻一行，是全国监所检察业务标兵、全市刑执条线检察业务专家。

　　2016年，柴冬梅被调任派驻女子监狱检察室副主任。从最开始只负责女子监狱派驻工作，到后来需要负责女子监狱、九龙监狱和长康监狱的派驻工作，承担巡回检察工作，她和部室同事每天奔波忙碌，不知疲倦。

柴冬梅说，对高墙内的执法活动全面进行检察监督，既要负责办理减刑假释暂予监外执行（简称"减假暂"）这样的"大事"，还要处理服刑人员食物量是否达标、开水供应时间充不充足、担心孩子没人管等琐事。

"刑罚执行是刑事诉讼的最后一道关口，'减假暂'是这道关口上最重要一环。就是要严格依法同步监督，对违法违规问题及时发现和纠正，确保刑事判决得到严格执行。"她时常要求部室同事绷紧思想上的弦，确保司法监督权力不被滥用。

为了使每一起"减假暂"案件经得起历史检验，做到严格公正依法，她提前介入办案，深入了解案情，重要办案环节从不缺席。近几年来，她先后参加监狱"减假暂"案件评审会议108次，带领团队认真审查每份证据材料，不放过任何一个疑点，先后审查办理4666件"减假暂"案件。在审查"减假暂"案件和日常检察工作中注意收集线索，经监督财产刑判项得以执行1160余万元。

柴冬梅带领团队探索总结出"一前移、三查清、四注重"的办理减刑、假释案件工作法，精细精准监督，被命名为"冬梅工作法"，在重庆市检察机关推广。

罗　迅　**大爱像蒲公英种子播撒群众心间**

罗迅，重庆人，1971 年 9 月生，2003 年 7 月参加检察工作，中共党员。重庆市人民检察院检察六部原四级高级检察官助理。2021 年 9 月 16 日，罹患晚期肺癌，医治无效，不幸离世，年仅 49 岁。曾荣立个人三等功 1 次。被追授"重庆市最美新时代政法英模"等称号。

2021 年 9 月 16 日，重庆市人民检察院检察六部检察官助理罗迅因肺癌医治无效离世。

罗迅曾在武警部队服役 13 年，获嘉奖、表彰 5 次。32 岁时，他转业到重庆市人民检察院，曾在政治部、办公室、机关党办工作。他坚持备考 7 年，取得法律职业资格证书。2015 年，被正式任命为重庆市人民检察院助理检察员。2016 年，罗迅走遍全市 11 个区县看守所、3 个监狱调研学习，参加减刑出庭 8 次，还主动要求到基层办案锻炼。

2020 年 6 月，罗迅罹患肺癌（晚期），手术出院 17 天后就返岗。当年，他办理不支持监督案件 19 件，提起抗诉 8 件，还 3 次协助办案组向最高人民检察院报送典型案例和相关数据。2021 年 8 月，罗迅的癌细胞已转移，生前断食多天，仍坚持出庭。

卓玉莲（化名）因前夫数十万元借贷纠纷，被债权人诉至法院。法院一审、二审均判决卓玉莲承担共同还款责任，卓玉莲向检察机关提起监督申请。根据罗迅和朱振喜的审查意见，她前夫借来的钱未用于夫妻共同生活，不属于夫妻共同债务。随后，重庆市人民检察院对该案依法提出抗诉。两个小时的庭审，罗迅坚持了下来。

罗迅生前多次对卓玉莲念叨："说老实话，这案子我可能比你还着急些。"春节放假前一天，还催促她补充相关证据。获悉罗迅病逝，卓玉莲才悟出此话的深意。

2009 年，罗迅曾作为普通工作人员参与重庆市人民检察院对武隆区土地乡的对口扶贫。土地乡天生村过去是全乡的重点扶贫村，多年不通汽车。面对一条狭窄的泥巴路，群众只能看天出行。到乡政府办事，单趟都要走上 2 小时。

罗迅和村干部徐敏扛着测绘仪一趟趟往山上跑，起早贪黑勘查，风里雨里监理施工。后来，包括天生村在内的整个土地乡，修起了全武隆第一条柏油村道。罗迅还与朋友持续资助 3 名孤儿直至他们参加工作。山区小学生缺乏教辅资料，他通宵为孩子们复印资料。在他的影响下，志愿者们组建了帮扶微信群。

按照罗迅的遗愿，他的眼角膜、遗体全部捐献。他去世两天后，妻子张慧琴想起他的叮嘱，默默替他缴纳了最后一笔党费。那天，距罗迅入党 26 年零 8 个月。

潘丽琼　深耕一线，谱写新篇

　　潘丽琼，四川南充人，1979 年 9 月生，2006 年 4 月参加检察工作，中共党员。现任四川省南充市营山县人民检察院第一检察部主任。曾获得"全国模范检察官""全国青少年普法教育活动先进个人""四川省三八红旗手"等称号，荣立个人二等功 1 次、三等功 3 次。

　　"面对基层出现的新问题、群众的新期盼，唯有开拓创新才能交出让群众满意的答卷。"这是四川省营山县人民检察院第一检察部主任潘丽琼 16 年奋战基层检察一线的感悟。

　　营山县地处丘陵地区，乡镇多、人口稀，外出务工群众占比大。潘丽琼在控申部门工作时，常在各个乡镇来回奔波，开展化解信访积案、司法救助等工作。她意识到，山高路远、交通不便、群众奔波之苦是影响当地检察工作的因素之一。

　　2015 年，潘丽琼创造性提出"互联网＋控申"工作方式。在她的积极推动下，2016 年营山县人民检察院探索推出"互联网＋检察为民"服务，2017 年建起覆盖全县乡村社区的视频咨询接访终端……多年来，潘丽琼线上线下接待来信来访群众千余人次，解决群众诉求和矛盾满意率达 100%。这项"互联网＋检察"工作方式成为新时代"枫桥经验"的鲜活基层探索。

潘丽琼是孩子们的知心姐姐，她带领"知心姐姐"未检工作团队，开创"5+1"观护模式，与企业、学校共建 4 个未成年人观护基地。2015 年以来，帮教涉案未成年人 158 人，帮助 30 余人复学或就业。

为了对贫困当事人开展全方位救助，潘丽琼和同事们总结经验，与 9 个部门联合，创新建立"立体司法救助"模式，为 30 余名涉案当事人开展立体司法救助。在南充市人民检察院统筹下，立体司法救助模式与"事实孤儿"救助有效衔接，有效服务保障打赢脱贫攻坚战。

一路走来，时代是出卷人，人民是阅卷人，潘丽琼竭力当好答卷人。为满足新时代基层群众对检察司法的新需求，她一直在笃行。

杨再滔　擎法律之利剑，护黔东南平安

杨再滔，苗族，贵州锦屏人，1984 年 12 月生，2007 年 9 月参加检察工作，中共党员。现任贵州省黔东南苗族侗族自治州人民检察院第二检察部副主任。曾获得"全国优秀公诉人""贵州省三八红旗手""贵州省十佳公诉人"等称号，荣立个人二等功 1 次。

十年磨一剑。2007 年，杨再滔大学毕业后进入检察系统工作，2014 年 4 月调入贵州省黔东南苗族侗族自治州人民检察院。她担任过"凯里两案"公诉人，指导办理了涉案资金 21 亿元的"5·04"非法组织领导传销案，承办了多起重特大毒品案、故意杀人案、抢劫等恶性案件。

杨再滔爱岗敬业、尽职尽责，是黔东南公诉队伍中的"拼命三娘"。2017 年，她被指派同时提前介入"凯里两案"和"5·04"特大传销案侦查，她不分昼夜全身心投入，成功啃下了这两块"硬骨头"。2018 年，杨再滔即将临盆，还办理了吴某国、王某珍故意杀人零口供案，在法庭上指控犯罪，最终使拒不认罪的犯罪嫌疑人被依法判刑。该案庭审视频被广泛用于黔东南州检察系统内公诉人出庭公诉案例教学。

她一身正气、坚守公平正义、维护法治权威。2019 年 7 月，杨再滔受命提前介入中央挂牌督办的"6·06"涉黑案。因该黑社会性质组织在当地存续时间长、资金雄厚、社会关系错综复杂，违法犯罪时间长，犯罪线索多，犯罪类型多样新颖，办案难度大，她经常彻夜与侦查人员讨论案件定性、追诉时效等问题。为确保证据收集合法性，她随时与侦查人员保持电话沟通，及时对侦查机关收集的证据进行审查。

2020 年 7 至 8 月，"6·06"涉黑案进入法庭审理阶段，杨再滔与公诉人一起制作庭审预案，总结当日庭审焦点，预判辩点，工作到深夜成为常态。办理该案时，她面临威胁从不胆怯；面对打听案情的人，她严守工作秘密，未曾泄露一丝案情。

在工作中，杨再滔常主动申请办理重大疑难复杂案件，善于思索，勤于总结。2020 年以来，她撰写的典型案例被贵州省人民检察院采纳 12 篇，承办的龚某故意杀人案典型案例入选最高人民检察院重大疑难复杂案件自行补充侦查典型案例。

杨再滔从检以来，一直在刑检部门工作。她在提前介入侦查、提审、开庭、审查起诉、重大疑难复杂案件复勘中周而复始，为建设平安黔东南作出了贡献。

玉喃溜　傣乡人民的"喃滴溜"

　　玉喃溜，傣族，1987 年 8 月生，2010 年 10 月参加检察工作，中共党员。现任云南省西双版纳傣族自治州景洪市人民检察院第一检察部主任、一级检察官。曾获得"全国人民满意的公务员""全国优秀女检察官""云南省优秀共产党员"等称号，荣立个人二等功 1 次、三等功 3 次。

　　玉喃溜是边疆安定的守护者，又是少数民族语言普法的耕耘者；她是公诉席上的正义发声者，又是活跃在傣乡村寨田野的双语法律宣传者。她亲和爽朗，坚守公平正义，践行法理融情的理念，赢得了各族群众的认可和喜爱，被亲切称为"喃滴溜"（傣语，意为"家里唯一的宝贝姑娘"）。

　　她办案有温度。

　　"犯罪嫌疑人认罪认罚，且猎捕野生动物系事出有因，是为了自家饲养的小鸡不再遭受'绕子'的捕食……"在一起涉嫌危害珍贵、濒危野生动物案的公开听证会上，玉喃溜介绍案件情况后，说明拟不起诉理由。

"绕子"是凤头鹰，属于国家二级重点保护野生动物。案件事实清楚、证据确凿。这样的小案本可以直接起诉，但玉喃溜发现岩某自身患有残疾，家庭生活困难，其妻子又患有精神疾病，生活不能自理。玉喃溜主动接受社会监督，消除社会对司法办案的疑惑，通过"看得见"和"听得到"的方式秉公执法，又传递司法温情。

她通过案件办理传递法治正能量。

在办理全国首例导游强迫交易入刑案时，玉喃溜认为要获得良好的法律效果，更要通过案件的办理倡导良好的社会风气，给旅游行业树立一个良好导向，这起案件入围了最高人民法院与中央电视台联合举办的"2018年推动法治进程十大案件"提名。

在年均办案超过百件的压力下，玉喃溜每年案件的审结率、提起公诉准确率均达100%，且无一例错案及超期羁押案件发生。她通过办案让人们看到从"有法可依"到"良法善治"的进步。

玉喃溜认为，不仅要追诉犯罪，更要让群众受到教育、知法守法。为此，她给边疆少数民族群众送上了手机直播双语普法节目和《检察官微课堂》视频，受到当地群众的广泛关注。

多年来，玉喃溜践行检察为民的初心，用靓丽的身影在祖国边陲留下美丽的"检察蓝"。

王　涛　用忠诚守护公平正义

王涛，四川自贡人，1980年2月生，2004年9月参加检察工作，中共党员。现任西藏自治区那曲市人民检察院第四检察部主任、一级检察官。曾获得"全国模范检察官""民族团结进步模范个人""那曲市优秀驻村工作队员"等称号，荣立个人三等功1次。

王涛深知维护民族团结是一项重要工作，在学习宣传民族团结条例法规方面处处发挥模范带头作用。

"要把每一个案件办成经得起法律和历史检验的铁案，让人民群众在每一起案件中感受到公平和正义"，这是王涛一直奉行的工作标准和原则。他始终以对党和人民高度负责的态度，认真办理公诉、民事申诉和刑事申诉案件，热情接待来信来访群众，做到恪尽职守不讲条件、勤勉敬业不求名利、勇挑重担不畏艰辛、惩治违法犯罪不徇私情。

"每个人与检察院打交道的时间，也许一生只有一次，他们对法律公平正义的理解，就是看我们能否秉公执法，是否认真办案。"王涛常说。他是这样说的，也是这样做的。在 18 年的检察工作岗位上，他始终秉持着这种理念。

王涛在驻村工作期间，走村入户，了解群众困难，及时予以帮助解决。

2012 年，他与水利部门沟通协调，主动联系施工队，对受损的饮水工程进行修复，及时解决了群众和牲畜的饮水安全。

2015 年，一户村民房屋遭受雷击，导致房屋和财物受损。他带领驻村工作队冒雨前往村民家中了解受损情况，帮助村民向民政部门申请帮扶资金，切实解决了村民困难。

2017 年，他了解到一户村民家有多名残疾人，一个劳动力供养 6 口人，家庭十分困难，积极捐钱捐物，设法帮助增收致富。

王涛用自己的实际行动践行着为民服务的宗旨，影响教育引导当地农牧民群众感党恩、听党话、跟党走。在平凡的岗位上默默奉献、辛勤耕耘，王涛的身上展示出了共产党员、人民检察官为民服务的良好形象。

李宝玲　执着追求挥洒热爱的公诉人

　　李宝玲，山东荣成人，1980 年 11 月生，2003 年 7 月参加检察工作，中共党员。现任陕西省西安市人民检察院第三检察部主任。曾获得"全国优秀公诉人""陕西省检察机关先进个人""陕西省人民群众满意的政法干警"等称号，荣立个人二等功 2 次、三等功 3 次。

　　2020 年，在全国优秀女检察官表扬推介活动中，最终评选出十名全国优秀女检察官，李宝玲位列其中，也是西北地区唯一获此殊荣的检察官。荣誉的背后，是她对检察工作的执着和热情。

　　从参加工作起，19 年来李宝玲始终坚守办案一线，她所在的西安市检察院公诉部门，负责全市重大暴力刑事犯罪案件的审查起诉工作，受理案件案情复杂，作为办案人要承担巨大的工作强度和压力，她怀着对工作的热情和努力，勇敢面对所有压力和挑战，总要求自己"多做一点"，每天晚一点下班；要求自己把案卷多看一遍，审查报告更细致一点，多请教、多读书，多思考、多办案，办难案、办大案。她办理过多起在全国、陕西省具有重大影响的刑事案件，用办案质量保证政治效果、社会效果和法律效果的统一，所办案件多次被西安市委政法委评为优秀侦办案件。

到职务犯罪检察部门后，短短一年时间，李宝玲带领公诉团队成功起诉了多起重大职务犯罪案件，指导碑林区院办理了省内首例潜逃美国的职务犯罪红通人员追逃归国案。2020 年 11 月，西安市检察院办理的赵某受贿案被最高人民检察院评为全国职务犯罪检察精品案例。她推动西安市检察院与市监委、市中院会签了《职务犯罪案件协调配合工作实施办法》，在探索监检衔接制度化方面属全省首例。她还组织编印了《西安市检察机关职务犯罪检察工作规范手册》。

李宝玲热爱她的职业，为了推动全市公诉人才的培养和队伍建设，牵头拟定了《西安市检察机关公诉人才培养方案》，首次突破传统模式，将国家检察官学院的课堂"搬"到西安，开展公诉人业务实训。她先后组织了"西安—成都武侯"城际公诉人论辩赛等多种活动，成立西安市职务犯罪检察人才库，与市监委共同举办监检联合培训，将学、练、赛、评、训有机结合，带动提升西安公诉整体能力和水平。2020 年 9 月，李宝玲作为陕西检察总教练，带领陕西代表队参加第七届全国公诉人业务竞赛，展示了陕西公诉人的实力和风采，陕西检察也被最高人民检察院评为优秀组织奖。

王立言　从检为民，矢志不渝

王立言，甘肃甘谷人，1967 年 10 月生，1987 年 7 月参加检察工作，中共党员。现任甘肃省白银市人民检察院党组成员、检察委员会专职委员。曾获得"全国先进工作者""全国人民满意的公务员""全国政法系统优秀共产党员""巾帼建功标兵"等称号，荣立个人一等功 2 次。

从走上检察岗位那一天起，王立言就立志："要把每一起案件都办成'铁案'，让人民满意。"

不论在充满对抗与较量的公诉席上，还是在控申部门的接访室内，王立言始终以优秀共产党员和模范检察官标准严格要求自己，执法为民、敢于担当。

王立言先后办理起诉重特大案件 300 余件，承办了有重大影响的柴氏兄弟故意杀人和故意伤害案、韩某某受贿贪污案、原莫高集团董事长王某某受贿案、原宕昌县委书记王某某受贿和巨额财产来源不明案等一批重大疑难复杂案件，所办理的案件无一起错诉、漏诉，起诉准确率100%。

在承办公安部2011年度全国"亮剑行动"十大精品案件——白银"3·03"特大制售假冒伪劣油品案过程中，王立言用一个月时间完成了40余册案卷的阅卷，面对大量专业术语，她先上网查询，后又向大学教授和石油公司专业人员请教，一遍遍地分析案情和证据，并对相关专业术语和法律进行全面梳理和严密复核论证，形成了200多页的审查报告，高质量完成了公诉任务。

2014年，因岗位调整，王立言负责控告申诉检察工作。她热心细致地接待每一个当事人，稳妥处理每一个信访案件，共接待群众来访1000余次，处理群众来信300余件，清理办结信访积案15件，发放司法救助金40余万元。

她在全省率先探索律师参与代理和化解涉法涉诉信访案件，制发相关工作办法，注重加强检察办案环节信访风险的预防、预警，尽可能地做到涉检信访矛盾"不出部门""不出本院"，有效推动了涉法涉诉信访矛盾化解，发展创新了"枫桥经验"白银检察版的落地见效。

近年来，王立言牵头组织开展优化营商环境"双联系双促进"行动，解决了123家企业的涉法困难，工作经验在甘肃省推广。牵头创办的"立言说法"栏目，荣获2020年甘肃省第二届"陇原剑杯"优秀新闻作品奖、甘肃省检察机关优秀新媒体作品、甘肃省优秀电视作品。

陈永洁　用行动捍卫检徽的荣耀

　　陈永洁，陕西宝鸡人，1974 年 10 月生，1996 年 10 月参加检察工作，中共党员。现任青海省海西蒙古族藏族自治州西部矿区人民检察院党组书记、检察长。曾获得"全国优秀共产党员""全国模范检察官""全国三八红旗手标兵"等称号，荣立个人二等功 3 次。

　　在被喻为"生命禁区"的青藏高原腹地——海西这片热土上，陈永洁凭着对党的事业的无限忠诚、对检察事业的无比执着和坚守，一心为党为民，用法律维护公平和正义。

　　2018 年，陈永洁办理了青海省格尔木市某行政机关不依法有效履职，侵害国家和公共利益的行政公益诉讼案件。这是青海省首例行政公益诉讼案件。她和同事们加班加点，对证据、质证意见、答辩预案、出庭意见逐项梳理补正、反复修改提炼，凭借多年公诉经验和扎实法律功底，准确客观地发表了出庭意见，使该案成功办结，达到了"双赢多赢共赢"的效果。

2021 年，陈永洁承办的张某涉嫌受贿、重婚案是海西蒙古族藏族自治州西部矿区人民检察院成立以来案涉数额最大的一起受贿案。在她的带领下，办案团队彻底查清事实，庭审中被告人张某当庭表示认罪悔罪，法庭采纳了公诉人的全部意见。而在办理肖某某涉嫌行贿一案时，尽量减少因办案对企业经营的影响，将"少捕慎诉"刑事司法政策贯穿办案始终。

陈永洁担任西部矿区检察院党组书记、检察长后，紧抓思想引领，以党史学习教育和政法队伍教育整顿为契机，树立传承"海西精神"的意识；紧盯队伍建设，提升队伍"自我造血"功能，为锻造忠诚干净担当敢打敢拼的检察队伍奠定了良好基础；搭建了检企共建未成年保护工作的新桥梁；进一步优化营商环境，服务"六稳""六保"大局，全力推动"四大检察"齐头并进，为经济社会发展保驾护航。

在她的带领下，2020 年西部矿区检察院荣获第七届"全国先进基层检察院""全省检察工作先进集体"等荣誉。

郭美玉　护航花季少年，彰显检察担当

郭美玉，宁夏中卫人，1986年4月生，2009年12月参加检察工作，中共党员。现任宁夏回族自治区中卫市沙坡头区人民检察院第四检察部主任、一级检察官。曾获得"宁夏回族自治区政法百名先进典型""宁夏回族自治区维护妇女儿童权益先进个人"等称号，荣立个人三等功2次。

2016年10月，宁夏回族自治区中卫市沙坡头区人民检察院第四检察部主任郭美玉到未检部门担任负责人。此后，她把挽救涉罪未成年人、预防未成年人违法犯罪、保护未成年人健康成长作为价值追求，持之以恒抓实落细。

聚焦有效开展未成年人犯罪预防工作，思考破解涉罪未成年人回归社会难、未成年联合保护社会化支持体系建设不健全等难题，郭美玉大胆实践，将社工、企业、社会组织等专业力量引入帮教保护工作中，创新建立起"检察＋社区＋企业＋社工"四位一体的观护帮教模式。她研究起草相关协议及实施方案 30 余份，协同建立中卫地区未成年人罪错分级干预体系，筹备建成全区首个未成年人社会观护帮教中心、首个检律协作未成年保护联络点等，延伸未检职能，充分开展未成年人教育、感化、挽救工作。

对标"司法为民"宗旨，秉持"工匠精神"办案，聚焦检察信息化，郭美玉提出并主导建立未成年人综合保护信息化平台，探索构建"中心＋平台"智慧未检工作模式并在全区被推广。

她归纳出以"爱"字出发、"情"字为重、"教"字着眼、"帮"字入手、"育"字为标，坚持惩治与保护的两面，坚守司法为民的初心，促进源头治理的保护未成年人健康成长"5 字 2 面 1 初心"未检工作法，成为全区未检工作的典型经验。她带队开展的涉案未成年人社会化帮教保护项目被最高人民检察院确定为全国首批未检创新实践基地实践项目。

郭美玉办理各类涉未案件 505 件 699 人，其中依法从严从快处理性侵害未成年人案件 88 件 121 人，救助 103 名未成年被害人，落实救助资金 100 余万元；委托对未成年人进行心理疏导 210 余人次，帮助 170 名未成年被害人走出心理阴霾。

她充分利用新媒体开展法治宣传，策划拍摄了未成年人法治教育片《那年十三》。推出以保护未成年人为主要内容的网络电台节目"春雨 FM"，策划举办了两届"春雨杯"法治征文、手抄报、微视频、微电影大赛，在学生、家长心中播撒了法治的种子。

木亚沙尔·麦麦提　检心为民保安宁

　　木亚沙尔·麦麦提，维吾尔族，新疆叶城人，1983 年 6 月生，2000 年 12 月参加检察工作，中共党员。现任新疆维吾尔自治区喀什地区喀什市人民检察院党组成员、副检察长。曾获得"全国巾帼建功标兵""守望正义——新时代最美检察官"等称号，荣立个人三等功 1 次。

　　"作为一名边疆少数民族干部，我要时刻高举中华民族大团结旗帜，与各族人民守望相助、手足情深，像石榴籽一样紧紧抱在一起。"喀什地区喀什市人民检察院副检察长木亚沙尔·麦麦提说。作为一名长期奋战在刑事检察工作一线的少数民族检察官，她用自己的青春热血在祖国最西端无私奉献。

　　审查办理各类犯罪案件时，木亚沙尔·麦麦提对每一起案件严把事实证据关，既注重与政法各部门办案人员沟通配合，又注重强化监督制约，做到了依法精准打击。她不畏威胁，严格自律，清正廉洁，用忠诚践行党员誓言，用勤奋书写担当。

她坚持把普及法律知识和促进民族团结作为一项重要工作，持续开展释法宣讲和温情行动，得到了群众的高度认可，一些群众自发加入释法宣讲队伍，传递出法律的温度和守望相助、手足情深的民族大义。

一路走来，木亚沙尔·麦麦提始终坚持把群众的需求作为第一选择，把群众的利益作为第一考虑，把群众的满意作为第一标准，用心用情架起联系群众"连心桥"。得知她包联的一个贫困户患有糖尿病和心脏病，从 2016 年至今，木亚沙尔·麦麦提坚持每个月为她买药，并帮助她的家庭寻找脱贫的路子，增加经济收入。在多方共同努力下，这个贫困户如期脱贫。

同时，木亚沙尔·麦麦提充分发挥检察职能，依托司法救助平台，积极为困难群众申请司法救助，助力巩固脱贫攻坚成果，坚决防止因案返贫，不断传递国家司法救助工作的正能量。

张　芳　以青春年华守护万家灯火

张芳，新疆霍城人，1989 年 3 月生，2012 年 1 月参加检察工作，中共党员。现任新疆生产建设兵团第七师车排子垦区人民检察院刑事检察部主任。曾获得"第七届全国优秀公诉人""兵团检察机关未检实务能手""兵团优秀公诉人"等称号，荣立个人二等功 1 次。

新疆生产建设兵团第七师车排子垦区人民检察院地处偏远团场，距离最近的市区也有近百公里，工作、生活条件十分艰苦。张芳坚持把成为一名优秀的检察官作为职业追求，始终保持对学习的热爱，并取得了令人瞩目的成绩。

2018 年以来，张芳负责的刑事检察部门在全兵团率先开展刑事案件公开审查工作，先后对多起社会关注、具有争议的审查逮捕、审查起诉案件进行公开听证。

她先后主持制定了车排子垦区人民检察院审查逮捕案件诉讼

式审查工作试行办法、办理黑恶势力犯罪刑事案件提前介入工作规定、认罪认罚从宽制度指引手册，相关制度实施后取得了良好的法律和社会效果。

2019 年，她组织成立了"小胡杨"未成年人检察办公室，推动各项未检工作落地生根。"小胡杨"未成年人检察办公室和微信公众号在七师和兵团检察系统内已初步取得"品牌"效应。

多年来，张芳先后办理各类案件 400 余起，无一错案。扫黑除恶专项斗争开展后，2018 年 1 月至 2020 年 12 月，张芳参与办理恶势力犯罪案件 3 件 26 人，审阅案卷 1 万余页，提出补侦意见 90 余条，制作审结报告 7 万余字。此外，张芳还办理了多起在七师辖区甚至兵团范围内都具有一定影响的职务犯罪案件。

她让老百姓真正感受到公平正义，也感受到法律的温度。她办理了多起涉众型侵财案件，包括车排子垦区检察院首例非法吸收公众存款案。该案涉案金额特别巨大，受害群众一百余人，犯罪嫌疑人作案时间跨度长，侦查难度大。她根据群众反映的"涉案犯罪嫌疑人有实际投资控制的不动产"情况，及时联合侦查机关实地查看、讯问、询问，果断对用赃款投资建立的 29 个蔬菜大棚、5 个蒙古包和 1 个展厅采取查封措施，并随案移送至人民法院。

"三尺公诉席，一片赤子心。"张芳把青春年华奉献给检察事业，用秉公执法谱写着忠诚正义，用无悔青春照耀着检徽。

公安系统

（60名）

张国伟　尽心尽力，化解群众"急难愁盼"

张国伟，安徽凤阳人，1984年9月生，2006年9月参加公安工作，中共党员。现任北京市公安局法制总队信访支队综合指导中队中队长。曾获得"全国公安系统二级英雄模范""全国优秀人民警察"等称号，荣获首都五一劳动奖章，荣立个人二等功1次、三等功3次。

　　倾听群众心声、接受群众监督，公安信访工作是公安机关保持同人民群众密切联系的重要途径。作为北京市公安局信访综合指导部门负责人，张国伟认为，公安信访工作是"送上门的群众工作"，关系到群众的切身利益，更是公安工作的晴雨表和风向标。从事信访工作以来，他先后参与协调基层单位化解各类信访矛盾3000余起，推动研究拟定市公安局层面制度机制21项，指导基层完善建立工作制度机制170项。

　　推行一项制度或措施，首先要找准问题。张国伟将群众在市、区两级信访部门的所有诉求汇集成档，并逐项梳理、确定类别。问题明确后，下一步要分析现行的相关制度，对于有效"对症"的现行制度，要指导基层认真落实、跟进督导；不"对症"的，就要建章立制或开展针对性工作。制度建立后，张国伟将重点放在盯效果和促完善上。"盯住实施过程、盯住落实成效、盯住老百姓的反馈，才能让制度落到实处。"他就像是上了发条的时钟，一刻都不停。

公安信访工作中，最难化解的是"钉子案""骨头案"。张国伟从不畏难，扎实学习法律法规，提升法治理论水平和法律素养；调查研究信访案件，分析群众诉求和管理短板，弄清影响群众安全感、满意度的关键点；总结经验做法和处置成效，探究规范处置对策。依托"再学习、再研究、再总结"的工作模式，张国伟推动解决了一批"钉子案""骨头案"，被公安部督察审计局聘为全国信访案件评查领域业务专家。

刘　安　以行践诺，倾力打造平安社区

刘安，河北霸州人，1965年6月生，1987年2月参加公安工作，中共党员。生前系北京市公安局丰台分局蒲黄榆派出所社区民警。曾获得"全国公安系统二级英雄模范"等称号，荣立个人一等功1次、二等功3次、三等功3次。被追授"全国公安系统一级英雄模范"等称号。

　　2021年3月7日早晨，刚刚值完夜班的刘安像往常一样参加派出所早点名，接受当天的工作任务。向派出所领导汇报完工作后，他便回到社区警务工作室。没想到，这是他最后一次走出战斗了34年的单位。上午10时50分，刘安在社区警务工作室突发心脏疾病晕倒，经抢救无效，于10时58分因公牺牲，永远离开了他一生挚爱的工作岗位，年仅55岁。

　　在蒲黄榆社区，流传有这样一句话："社区有刘安，大家都平安。"1996年，刘安刚开始负责蒲黄榆第二社区的时候，社区里的蒲黄榆一里、四里还是个开放式的小区，出入口多，安全隐患多。经过一番实地走访，刘安打定主意，只有将小区进行封闭式管理，才能把发案量降下来。

实施这个计划的时候正是夏天，刘安冒着酷暑各方协调。为了找资金、厂家，他和社区干部连续跑了七八趟，经常浑身湿透。经过几番努力，小区终于实现了封闭式管理，刘安还找来专人负责小区出入口看守。隐患消除了，蒲黄榆第二社区变成了远近闻名的平安社区。

作为"穿警服的副书记"，刘安广泛发动群防群治力量，全面深入开展社区自清自查，确保各类隐患"清零"。2020年新冠肺炎疫情蔓延期间，在没有电梯的老旧楼房里，居民每天都看到刘安背着40多斤的消毒药筒进行消杀工作。有一次，刘安不慎从楼梯上滚了下去，事后同事才知道，那次摔伤造成他尾椎骨骨折。可在当时，刘安和谁都没说，坚持每天忍着伤痛完成工作。

"我是党员我先上。"在刘安心里，这是一份沉甸甸的责任，而社区实现"零感染"，就是他作为一名党员对群众的回报。

肖俊京　敢打敢拼的重案急先锋

肖俊京，江西赣州人，1964 年 7 月生，1989 年 12 月参加公安工作，中共党员。北京市公安局丰台分局经济犯罪侦查大队原三级高级警长。2018 年 11 月 1 日，突发疾病，经抢救无效去世，年仅 54 岁。曾荣立个人三等功 3 次。被追授"全国公安系统二级英雄模范"等称号。

　　2018 年 10 月 31 日，在外省连续出差 15 天的北京市公安局丰台分局经济犯罪侦查大队民警肖俊京刚回到队里，又和战友马不停蹄赶往外地，执行对一起特大非法吸收公众存款案主要犯罪嫌疑人王某的抓捕任务。11 月 1 日，肖俊京突发疾病，经抢救无效，因公牺牲，年仅 54 岁。同事们强忍悲痛，按照肖俊京制定的抓捕方案，在当地公安机关配合下，于当天夜里成功将王某抓获，一举破获了这起特大非法吸收公众存款案。

　　从警以来，疾恶如仇、敢打敢拼的肖俊京，凭借丰富的侦查经验和扎实的基本功，带领重案队先后破获命案、大要案百余起，立下了赫赫战功，一度被战友们誉为丰台公安重案之"魂"。

因长年在基层一线摸爬滚打，肖俊京积劳成疾，患上了强直性脊柱炎。这种病无法根治，只能保守治疗，不能久坐久立。考虑到肖俊京的身体状况，大队领导让他管理档案，没有特别重要的案子，一般不安排他出差。身体上的病痛，并没有消磨肖俊京对公安工作的热情。相反，他在做好本职工作的同时，总是积极"请战"，几乎每个专案组都能看到他的身影。

回望 29 年从警之路，肖俊京始终坚守人民公安为人民的初心，把打击犯罪、服务人民作为自己的最高追求，直至生命最后一刻。

殷　刚　守正创新，画好基层治理"同心圆"

殷刚，天津人，1970年4月生，1997年5月参加公安工作，中共党员。现任天津市公安局河东分局二号桥派出所社区警务队一级警长。曾获得"全国平安英雄""全国公安机关二级英雄模范""天津市优秀共产党员"等称号，荣立个人一等功1次、二等功1次、三等功2次。

殷刚长年扎根基层，坚持守正创新，把社区警务工作同基层党建、基层社会治理紧密结合，探索出"六融八合"工作法，被天津市公安局作为派出所警务机制改革的典型经验在全市推广。

殷刚负责的陶然庭苑社区位于城乡接合部，是2007年建成的商品房小区。过去一个时期，由于物业管理不善，社区内私搭乱盖、乱扔垃圾等问题较为严重，特别是违建房屋较多、圈占小区绿化用地现象突出，引起业主不满。

面对难题，在河东分局和二号桥街道支持下，殷刚坚持党建引领，按照"区域统筹、条块协调、上下联动、共建共享"的工作思路，积极推动基层党建与基层治理有效融合，汇聚居委会、街道、物业、社区等多方力量，共同商议大事小情，有力推进了社区违章建筑集中整改，私搭乱盖、圈占绿地现象得到根治。

过去，小区里停车位没有明显标识，因停车剐蹭、占位占路引发的矛盾纠纷时有发生。殷刚积极协调物业公司在小区重新规划、统一编号车位，同时，通过摇号就近分配业主车位、在合适位置增设临时停车位等方式，让这一难题得到妥善解决。

小区面貌得到有效改善，安全问题也绝不能忽视。殷刚多次找到物业公司，协调安装视频监控系统。为确保真正实现社区监控无盲点、无死角，殷刚带着物业人员实地勘测，一个点位、一个点位地确认、调试，最终120多个视频监控顺利安装完毕。

近年来，"六融八合"社区警务工作法在实践中不断完善，有效打通了服务群众"最后一公里"，提高了社区警务工作效能和为民服务水平。

吕建江　"24 小时不下班的好民警"

吕建江，河北石家庄人，1970 年 4 月生，2004 年 3 月参加公安工作，中共党员。河北省石家庄市公安局桥西分局安建桥综合警务服务站原主任。曾获得"全国优秀人民警察"等称号，荣立个人二等功 1 次、三等功 2 次。被追授"全国公安系统二级英雄模范"等称号。

2004 年，吕建江从部队转业到河北省石家庄市公安局，当过片警，担任过原桥东分局汇通派出所副所长、桥西分局安建桥综合警务站主任等职务。他始终把群众放在心中最高位置，被群众誉为"24 小时不下班的好民警"。

在汇通派出所担任留村社区民警时，吕建江看到有群众因资料不全办落户白跑好几趟，经过琢磨并自学网络技术，在网上开通了"留村社区网上警务室"，设有"警务公开""通知通报""教您一招""户籍一点通"等板块。吕建江还在网上公布了自己所有的联络方式，24 小时接收群众来电、短信。

从那之后，吕建江就成了闲不住的人：孤寡老人房子漏水，找他；有居民煤气中毒，找他；病人急等着入院，找他……

2010 年，吕建江注册了实名微博"片警吕建江"（后更名"老吕叨叨"）。在微博中，他常常晒晒民警的生活，说说工作的酸甜苦辣，教大家安全防范知识，揭露虚假信息，传播社会正能量。他质朴的网言网语受到了广大网友的喜爱，"有事找吕叔"成为微博粉丝们的共识。

工作中，吕建江忠实履行职责，接处警及时高效，治安防范措施到位，担任警务站主任 6 年间，共参与抓获犯罪嫌疑人 100 余名，调解纠纷 1100 余起，有力维护了一方平安。

2017 年 12 月 1 日 7 时许，吕建江因积劳成疾，突发心脏病，抢救无效去世。吕建江走了，但他留下的宝贵精神财富，激励着他的战友们继续服务百姓、守护平安。如今，以他的名字命名的"吕建江综合警务服务站"，以 24 小时不下线的热情服务，传承吕建江精神，接续奋斗，勇毅前行。

张 岩　硬汉刑警此生无悔

张岩，吉林长春人，1969年6月生，1990年8月参加公安工作，中共党员。河北省秦皇岛市公安局刑事警察支队原支队长。曾获得"全国最美基层民警"等称号，荣立个人一等功1次、二等功2次、三等功7次。被追授"全国公安系统二级英雄模范"称号。

2021年3月1日，河北省秦皇岛市公安局党委委员、刑警支队支队长张岩经医治无效病逝，离开了他奋战30年的刑侦工作，年仅51岁。

"多起疑难案件，都是张岩一点一点'啃'下来的。"在秦皇岛市公安局里，大家有这样的共识。

"犯罪嫌疑人的作案手段不断升级，只有不断学习新理念、新知识，掌握新技能，才能在侦办疑难案件时得心应手。"张岩说。除了不间断学习侦查手段，张岩还主动学习探索图像侦查、电子物证及微量物证等技术技能，在国家级刊物发表 10 余篇学术论文。为了补齐当地刑事科学技术落后的短板，在他的推动下，秦皇岛市公安局物证鉴定所实验室成功通过了质监部门认定，建立了打击刑事犯罪合成作战平台。2016 年 11 月，秦皇岛市公安局在河北省第一个建成反电信诈骗中心，市、县两级打击电信网络诈骗专业队伍形成，为打击电信网络诈骗犯罪打下了坚实基础。

2020 年 8 月，正忙于布置案件的张岩下腹部突然疼得厉害。经医生诊断，他罹患胰腺癌，且已有扩散的迹象。

从 2020 年 9 月开始化疗，张岩忍受了巨大的痛苦。但他放心不下工作，尤其每次化疗间隙，都撑着回支队上班，带着几名民警赶赴抚宁、山海关、海港区等地调度案件进度，研究案件线索和推进策略。

2021 年 1 月底，张岩的病情急剧恶化，从北京化疗回到秦皇岛市人民医院继续住院。随后一个多月里，张岩的意识逐渐模糊，只是偶尔清醒。陪床的人经常听到他小声说："案子结了吗？""我去汇报工作。"

弥留之际，张岩嘴里说的都是工作，心里惦记的都是案子。他把对党的忠诚、对刑侦事业的热爱实实在在地落在实际行动上，直到生命的最后一刻。

任　飞　破译无声犯罪密码的"科技神探"

任飞，山西孝义人，1980年9月生，2009年8月参加公安工作，中共党员。现任山西省太原市公安局刑侦支队副大队长。曾获得"全国公安系统二级英雄模范""太原市优秀共产党员""太原市'四个铁一般'公安民警标兵"等称号，荣立个人一等功1次。

　　在山西省太原市公安局刑侦支队的实验室里，身穿白大褂的任飞像往常一样投入紧张的工作中。

　　方寸间，任飞手中一支支冰冷的仪器化身为制胜法宝，在一堆堆散发着各种异味的检材里发起攻势，找出破绽、揪出证据。从警以来，他完成毒化、毒品和微量物证检验4000余件，处理毒化检材上万个，参与破获重特大和疑难案件200余起；先后参与制定全国公共安全标准2项，参与完成科研课题3项、省级地方标准1项，申请专利2项，在国家级核心期刊发表文章9篇。

2017 年，经过不懈努力，任飞研发的地沟油仪器检测法终于得到国家有关部门的认可和推广，在多起地沟油案件中起到了关键证据作用，抓获犯罪嫌疑人 100 余人，涉案金额 3000 余万元；2018 年 12 月，第五代地沟油快检试纸条研发成功，并通过公安部验证，他将研究成果无偿转让，现已在全国量产推广；2019 年，他研发的指纹汗液斑痕毒品快检装置灵敏度达到匹克级。2020 年 1 月，经中共太原市委审定，"任飞禁毒社会工作室"批准成立。

作为一名"鉴毒师"，任飞积累了 1138 个毒品中辅料的种类和比例信息，为本地区毒品溯源奠定了坚实的数据基础。

近年来，随着国家毒品管控力度的加大，毒品市场被压缩，新精神活性物质的制造、贩卖、运输和滥用呈上升态势。任飞和同事们大胆探索刑事技术工作新机制，历经几百余次反复试验，应用仪器开展新型精神活性药物检测方法，先后建立了笑气、"聪明药"、"上头电子烟"等物质的仪器检测方法，一举解决了基层办案单位对新型毒品案件的检测定性困境。

科研攻关、勇于创新、坚守初心，一项项科研成果记录着他的成长，而这些科研成果的推广和使用，也见证着任飞为平安中国建设所贡献的太原公安力量。

苏玉平　鄂尔多斯高原上的禁毒利剑

苏玉平，内蒙古鄂尔多斯人，1978 年 7 月生，1999 年 8 月参加公安工作，中共党员。现任内蒙古自治区鄂尔多斯市公安局禁毒支队政委。曾获得"全国先进工作者""全国特级优秀人民警察"等称号，荣立个人一等功 1 次、二等功 2 次、三等功 3 次。

破获鄂尔多斯市第一起千克以上贩毒案、第一起跨省贩毒案、第一起公安部目标案件、第一起通过物流贩毒案件；曾破获内蒙古最大的贩卖毒品海洛因案、第一起航空贩毒案……

坚守禁毒一线 20 多年来，鄂尔多斯市公安局禁毒支队政委苏玉平以强烈的责任意识、严谨的工作作风、精深的专业知识、无畏的担当精神，带领团队创造了无数个"第一次"，铸造了一柄锋利的"禁毒利剑"。

2016 年 4 月，苏玉平在对一起吸毒案件长期缜密侦查后，获得了贩卖毒品的线索，并发现该贩毒团伙正携带毒品从外省运往内蒙古。基于此，苏玉平带领同事立即行动并在高速公路上发现了目标车辆。为了不打草惊蛇寻找合适的抓捕时机，苏玉平一直尾随跟踪目标车辆。行驶中，目标车辆出现了反常举动，苏玉平立即超车，将车横在了目标车辆的前面。犯罪嫌疑人见无路可逃，便举起枪支准备扣动扳机。反应敏捷的禁毒民警一拥而上，将目标车辆上的犯罪嫌疑人全部制服。现场缴获手枪 1 支、毒品冰毒 7000 余克，后又深挖上线，缴获毒品 8000 克。

这只是苏玉平破获众多贩毒案件中的一个缩影。他勇于挑最重担子、啃最硬骨头，在关键时刻和危急关头豁得出来、顶得上去。面对亡命徒的枪口时，他只有一个动作——冲锋；面对生与死、进与退时，向前永远是他的本能。从警 20 多年来，他参与破获案件 3500 多起，打击犯罪嫌疑人 4100 多人，破获公安部目标案件 12 起，内蒙古自治区公安厅目标案件 15 起，缴获各类毒品 3.7 吨，追缴毒资 1000 余万元。

宝音德力格尔　要用一生守护美丽草原

宝音德力格尔，蒙古族，内蒙古巴彦淖尔人，1974年7月生，1997年7月参加公安工作，中共党员。现任内蒙古自治区巴彦淖尔市乌拉特后旗公安局潮格温都尔镇派出所教导员。曾获得"全国人民满意的公务员""全国优秀共产党员""全国公安系统一级英雄模范"等称号。

"荣耀的党，美丽的国，让我一生追随、守护！"这是宝音德力格尔的坚守。

从穿上警服的第一天起，他就立下誓言：要一辈子为牧民办好事、办实事，豁出命来也要对得起这身警服。从警25年来，他始终扎根戈壁草原，累计走访牧民24万人次，写下民情日记50余本。

宝音德力格尔的管区地处祖国边疆，面积达1672平方公里，属于典型的半荒漠化草原地区，自然环境恶劣，交通通信不便，常住人口稀少，经济文化落后，社会治安状况较为复杂。

从警以来，宝音德力格尔坚持每年下管区走访达 9 个多月，走遍了辖区每一寸土地、每一座山峰，先后骑坏了 8 辆摩托车，累计行程达 140 多万公里。

针对印制地图与辖区实际严重不符的情况，宝音德力格尔从 1999 年开始通过走访中的观察测绘，详细记录辖区地形地貌公路便道、敖包河槽、牧户方位等资料 20 余本，用了 10 年时间，成功绘制出一幅详尽的辖区牧户草场分布图。

2009 年，这幅图被巴彦淖尔市公安局录入警务信息平台，并被乌拉特后旗政府土地普查作为参考。宝音说："如果有一天，我骑不动摩托车了，那么接任我的民警，靠着这幅地图，就能够清楚了解 1672 平方公里草原上居民的基本情况，更好地为人民服务。"

在多年坚守和不懈努力中，宝音德力格尔与辖区群众拉近了距离、增进了感情，常住人口双向熟悉率达到 100%，暂住人口网上比对率达到 100%，从未发生漏管失控情况。

宋增福　传承雷锋精神的"三勤"警长

宋增福，山东聊城人，1962 年 11 月生，1982 年 8 月参加公安工作，中共党员。现为辽宁省抚顺市公安局望花分局雷锋派出所社区民警、二级高级警长。曾获得"全国公安系统一级英雄范""辽宁省劳动模范""抚顺市英雄斗敌模范民警"等称号，荣立个人三等功 2 次。

"我活着，只有一个目的，就是做一个对人民有用的人。"雷锋在他的日记中曾这样写道。半个多世纪过去了，雷锋的事迹激励了无数人在平凡的岗位上创造出不平凡的业绩。辽宁省抚顺市公安局望花分局雷锋派出所社区民警、二级高级警长宋增福就是这样一位新时代的"活雷锋"。

宋增福曾在多个部门工作过，在刑警大队工作期间，他先后参与打掉犯罪团伙 21 个，抓获犯罪嫌疑人 340 名、逃犯 75 人，破获各类案件 1200 余起。

临近退休年龄的宋增福到雷锋派出所以来，仍然保持着对公安工作的热忱，把工作干劲儿从打击违法犯罪转移到服务群众上来。"脚勤、手勤、嘴勤"，是同事们对他的一致评价。一有空，宋增福就往辖区跑，一丝不苟地办好每一件事。他的辖区内，破获的案件最多，新发的案件最少。

在宋增福的组织下，雷锋派出所成立了一支"英模服务队"，对行动不便的残疾人、孤寡老人、军烈属等实行登门无偿服务417件次，帮助解决群众难题500余次。他深受群众爱戴，是群众身边新时代的"活雷锋"。

在对辖区内的企业走访时，宋增福发现，一些外来务工人员由于二代身份证更换不及时，给企业管理和个人生活带来不便。为此，他先后数十次将身份证送到企业门口，帮助企业和职工解决实际困难近百件。

宋增福用奉献精神感染、教育着雷锋派出所的民警们，激励大家立足新时代、把握新要求，以强烈的政治担当、历史担当、责任担当积极投身人民公安事业。

朱建民　排爆工作的急先锋

朱建民，吉林蛟河人，1970 年 8 月生，1999 年 9 月参加公安工作，中共党员。现任吉林省吉林市公安局特警支队副支队长。曾获得"全国公安系统二级英雄模范""全国特级优秀人民警察""中国好人"等称号，荣立个人一等功 1 次、二等功 2 次、三等功 2 次。

选择排爆这个高危岗位，需要什么素质？需要一往无前、向战而行，需要用耐心细致、果敢坚毅，与死神完成一次次"对赌"。

吉林省吉林市公安局特警支队副支队长朱建民，就是这样一次次完成了与死神"对赌"的任务，立下赫赫战功，成为响当当的"拆弹专家"。

1999 年，朱建民转业到吉林市公安局，毫不犹豫选择了排爆这个高危岗位。当时，他是全市唯一的排爆手。23 年来，他累计成功拆除各类爆炸装置 40 余枚，转移销毁各类废旧炸弹、危险爆炸物品 400 余个，参加重大安检搜爆任务 210 余次，无一失手，用生命捍卫了平安。面对排爆任务，52 岁的朱建民一次也不曾缺席。他说："排爆是我的老本行，干了半辈子，有任务我还是要上一线，带头干！"

为了早日带出敢于担当的排爆铁军，迎接和战胜各种挑战，朱建民苦练精兵、提高队伍本领。他倾囊相授，以实战练兵的方式，为队员详细讲解排爆理论知识、炸药类型和特种装备使用方法。

朱建民针对每名队员所学专业、擅长技能，进行系统地、有针对性地定向训练，提升民警技术水平和心理素质。朱建民教给战友的不仅仅是精湛的技术，更多的是生死与共的生命托付。如今，吉林市公安局特警支队技术大队排爆组已有队员 12 名，他们已成为吉林市排爆工作的"急先锋"，为吉林城市平安、百姓安宁筑起了一道安全屏障。

陈丽莉　高墙内的"心灵慰藉师"

　　陈丽莉，吉林磐石人，1976年4月生，2001年7月参加公安工作，中共党员。现任吉林省吉林市公安局刑事犯罪侦查支队直属大队政委。曾获得"全国公安系统二级英雄模范""全国妇女维权先进个人""全国最美基层民警"等称号，荣立个人三等功1次。

　　"对待在押人员，要像老师、像医生、像亲人，让关爱关怀温暖心灵深处。"从警21年来，陈丽莉始终坚守公安监管一线，耐心倾听在押人员心声，真心解决在押人员困难，让在押人员真心思过、走向新生。

　　陈某是一名18岁的失足少女，2009年因涉嫌抢劫罪、故意杀人罪被刑事拘留。入监后，陈某情绪极其不稳定，对抗管教民警。陈丽莉留意到，陈某入监后，家人从未来看望她，也没人给她送生活用品。原来，陈某是个弃儿，是养父母把她养大的。有了弟弟后，养父母对她的关爱减少。后来知道身世的陈某心生叛逆，最终走上了犯罪的道路。

陈丽莉决定耐心管教，用真情感化她。牙膏、牙刷、毛巾、香皂……凡是能想到的生活物品，陈丽莉都为她准备好了。陈某身体素质较差，每次生病，陈丽莉都耐心细致地照顾。

陈丽莉发现陈某爱干净，衣服都叠得整整齐齐，生活用品都收拾得井井有条，便对她说："衣物叠得又整齐又美观，监室卫生也一定能干得好。"被"委以重任"的陈某干劲儿高涨，把监室内务管理得有模有样。就这样，陈某每次取得微小进步，陈丽莉都及时肯定表扬。而当她出现思想波动和错误行为时，陈丽莉也会严厉批评、及时纠正。

陈丽莉既像姐姐，又像妈妈。经过日复一日的点滴相处，陈某终于卸下了坚硬的"防御盔甲"，说："不交代真实案情，我都对不起陈姐。"坦白案情后，如释重负的陈某扑在陈丽莉肩头痛哭了一场。

刚入监时的"刺儿头"最终被陈丽莉的真心真情感化，她也是多年来陈丽莉教育转化的40余名在押人员之一。现在，陈丽莉总结摸索出的综合采取价值观教育、人文关爱、传统文化熏陶、亲情辅助等教育管理措施，已成为吉林市看守所女子监管中队的工作理念和行为追求。

崔道植　初心不改，演绎中国刑事技术警察传奇

崔道植，朝鲜族，吉林海龙人，1934年6月生，1955年7月参加公安工作，中共党员。黑龙江省公安厅退休干部。在甘肃白银案、张君特大系列抢劫杀人案、白宝山袭军袭警案件中作出了重要贡献。曾荣获"七一勋章"，获得"全国公安系统一级英雄模范""最美奋斗者"等称号。

1955年7月，崔道植从部队转业来到黑龙江省公安厅工作，成为中国第一代刑事技术警察，从此开始了他数十年的岗位坚守。他的主要研究领域为犯罪现场痕迹检验，包括足迹、指纹、枪弹等，从警生涯累计鉴定痕迹物证7000余件，无一差错，鉴定结果大多成为侦破疑难案件的点睛之笔。

1995年以来，崔道植退而不休，始终工作在刑侦一线，公安部五局、黑龙江省公安厅时常会抽调他参与疑难案件侦破工作。而他的工作生涯始终是在处置疑难案件和学术理论研究并行的状态，

侦查实践与侦查理论实现了双丰收——曾运用数理统计学对国人手掌各部位长宽度进行了系统统计分析，首次测得国人手掌各部位的正常值和它与人体身长、年龄、体态的关系，为利用现场手印分析犯罪分子某些生理特点提供了新的依据，还开创了指甲同一认定、牙痕同一认定并侦破疑难案件的先河。

从正式工作岗位上退了下来后，崔道植心里仍挂念着刑事技术工作特别是枪弹弹头痕迹档案的现代化管理技术发展。经过 5 年多潜心研究，他发明了一种用特制铝箔胶片提取弹头膛线痕迹的技术，还设计制造了一种弹痕展平装置复制出膛线痕迹。以这两项专利技术为基础研究出"弹头膛线痕迹自动识别系统"，在膛线痕迹的录入时间、查准率方面优于国外同类系统，总体技术达到了国际先进水平。

崔道植在黑龙江乃至全国公安系统威名远扬，有许多动人的故事和业绩。他说："如果说这些年我取得了一点成绩，那都是党培养教育的结果，并且给了我实现人生价值的平台，让我每时每刻都有一种'报恩'的思想。"

一路走来初心不改，崔道植用持之以恒的忠诚和信念书写了一名中国刑事技术警察的传奇。

刘学钢　用生命续写新时代东莱故事

刘学钢，山东德州人，1970 年 4 月生，1992 年 8 月参加公安工作，中共党员。生前任黑龙江省哈尔滨市公安局道外分局副局长、东莱街派出所所长。曾获得"黑龙江省优秀政治工作者"等称号，荣立个人二等功 1 次。被追授"全国公安系统二级英雄模范"等称号。

"百姓之家"牌匾的后面，再也看不到他忙碌的身影；"东莱事迹宣讲团"里，再也听不到他铿锵的誓言；战"疫"胜利的那一天，再也等不到他承诺的庆功宴……2021 年 9 月 24 日，就在东莱街派出所喜获"全国先进基层党组织"不久后，第 22 任所长刘学钢因突发疾病抢救无效，生命永远定格在了 51 岁。

工作中，刘学钢始终把"亲民、爱民、为民"作为精神追求。近年来，东莱街派出所共有 11 项便民服务新举措在全省、全国推广。为实现让群众从"满意"到"感动"，刘学钢坚持"支部建设抓在前、各项工作干在前、关心民警想在前、领导表率做在前"，将党建工作触角延伸到所外，开展了"党员结对帮"活动，通过"多帮一""一帮多"，让党员民警与困难家庭、困难儿童、孤寡老人结对帮建。这一系列具有鲜明时代特征、东莱特色的党建新举措，激发了民警干事创业的内生动力、转化为群众满意的工作成果。

2021 年 9 月，新冠肺炎疫情再次突袭哈尔滨，刘学钢第一个写下"请战书"，带着党员突击队第一时间冲到疫情最前沿。其实，多年前，他的体内已放置多个支架，健康状况曾一度告急，但他却淡然地说："这条命既然捡回来了，就要过得更有价值。"此后，他一直服药坚持工作，就在去世前一晚，仍在部署疫情防控、检查"九小场所"、到执勤点巡查。当夜深人静在办公室脱下走了一天的鞋子时，是一双浸透汗水的鞋垫和白得发胀的双脚……

从警多年，从基层派出所民警、政工干部，到东莱街派出所所长、道外分局副局长，刘学钢从警的每一步都走得踏实有力，短暂的生命灿若星辰。

王瑞芳　事事尽心，打造社区"平安福地"

　　王瑞芳，江苏扬州人，1962 年 9 月生，1993 年 3 月参加公安工作，中共党员。上海市公安局徐汇分局徐家汇派出所南丹南村小区社区民警，2022 年 9 月退休，在原岗位返聘两年。曾获得"全国特级优秀人民警察"等称号，荣立个人一、二、三等功各 1 次。

　　"南村谁都能走，王警官不能走。"这是上海市徐家汇南丹南村小区居民早已达成的共识。多年来，南丹南村居民遇到难事第一个想到的就是社区民警王瑞芳。

　　南丹南村是回迁安置小区，王瑞芳来之前，楼道堆物、婆媳吵架，矛盾纠纷多，菜贩占道摆摊、乱发乱贴小广告，甚至还有赌博现象，110 报警量居高不下。

　　王瑞芳敢于动真碰硬，到任后的短短几年里，南村面貌发生了逆转，消防、监控等安全设施相继到位，入室盗窃案逐年下降直至消失，居民安全感、满意度不断提升。在王瑞芳的带动下，居民们还自发成立了义务巡逻队，参与社区平安志愿活动。

2022 年疫情期间，每次居委会发放保供物资，年近花甲的王瑞芳和工作人员一起肩扛手抱，将物资及时送到居民家门口，忙得浑身湿透，居民赞不绝口。

"五一"假期，居民翁阿姨突发心梗，得知救护车需要排队等候很久，急得在社区群中发信息求救。几个曾经惹是生非的"问题青年"主动站了出来，表示愿意帮忙。王瑞芳紧急联系居委会干部开具了出门证，然后合力将翁阿姨抬上私家车送医救治。后来，翁阿姨转危为安。

"王警官一直帮助我们，我们也要为他、为小区作贡献。"这几个"问题青年"的暖心举动令居民刮目相看，王瑞芳也感到欣慰。

如今，组织上以王瑞芳的名字命名了社区警务室，徒弟小高也已跟随王瑞芳学习了一年多。这场维护城市安全、社区和谐的"接力跑"还在继续。

贾东涛　让 DNA "说话" 的 "骨语神探"

　　贾东涛，河北唐山人，1974 年 11 月生，1998 年 8 月参加公安工作，中共党员。现任江苏省南通市公安局刑警支队副支队长、DNA 实验室负责人。曾获得 "全国公安系统二级英雄模范" "江苏省优秀共产党员" 等称号，荣立个人一等功 2 次、二等功 2 次、三等功 3 次。

　　江苏省南通市公安局 DNA 实验室是公安部重点实验室，被国内同行视为最具权威的刑侦实验室之一。贾东涛是这里的业务带头人，被誉为 "骨语神探"。

　　为了突破一个个技术难关，贾东涛长期住在实验室，长时间的弓腰实验让他的背呈现病理性弧度，经常腰酸背疼；在没有新鲜血液的夜晚，他就抽自己的血做血型实验；锤子、榔头、砂纸、手术刀等木工瓦匠的工具他都琢磨研究，成为尸骨采样的工具，电钻提取大骨头 DNA 的方法在全国刑侦至今都是最高效最低成本的方案；

他啃透了上千页的英文说明书,把实验器材从懂应用研究到懂原理、懂故障,极大节省了维修经费。

2007年1月,贾东涛在《中国法医学》杂志发表了论文《陈旧尸骨DNA提取方法研究》,在国内法医界引起轰动。他用改良硅珠法,在全国首创了陈旧尸骨DNA检测鉴定。2009年,贾东涛带领下的DNA实验室申报了"现场检材常染色体混合基因型拆分方法研究"课题。在查阅大量文献材料、上百次的实验失败之后,2015年初,课题通过了项目验收。仅这一年,DNA实验室通过技术手段比中各类犯罪嫌疑人82人,破获刑事案件212起,获得江苏省公安厅科技强警二等奖。

从普通民警到荣誉满身的刑侦专家,贾东涛带领南通市公安局DNA实验室从无到有、由默默无闻到享誉全国,南通市公安局刑侦部门实现了有勘查条件的14类案件勘查率100%,全部刑事案件勘查率95%以上,14类案件现场手印、足迹、DNA提取率始终处于江苏省前列。2021年,贾东涛牵头组织设立7个DNA免费采集点,深入推进"团圆"行动,成功帮助38个离散家庭实现团聚。

陆旭东　平安校园的"守护人"

　　陆旭东，江苏常州人，1970年6月生，2006年10月参加公安工作，中共党员。现为江苏省常州市公安局金坛分局交通警察大队西城中队民警。曾获得"全国公安系统二级英雄模范""全国未成年人思想道德建设工作先进个人"等称号，荣立个人一等功1次、二等功1次。

　　2006年，从武警浙江总队转业的陆旭东，怀揣着保家卫国、服务人民的初心，脱下橄榄绿，穿上藏青蓝，成为一名基层交警。

　　2008年，陆旭东主动承担了城区最堵路段华罗庚实验学校门口的执勤任务，他承诺要用每天的坚守呵护每个孩子的安全。14年来，不论酷暑和严寒，每天上下学高峰期，陆旭东都会准时出现在华罗庚实验学校门口，变执勤为护学，为孩子们开车门、背书包、撑雨伞，把孩子们安全送进校门，确保"涉学"交通事故"零"发生。2012年6月，以他名字命名的护学岗在江苏省推广。

2021 年，"双减"政策落地，放学时段的护学时间发生变化，陆旭东在暑期就早早与学校进行了对接，将此前的 1 小时更改为 2 至 3 次，每次 50 分钟左右。每次间隙时段，他还主动邀请热心家长加入"护学岗志愿者微信群"，带他们一起进行志愿护学服务。同时，积极与接送孩子的老人们互动，进行反诈骗宣传。

在学校门口疏导交通的 14 年，陆旭东见证了金坛的飞速发展。到 2021 年 9 月辖区机动车保有量已突破 16.12 万辆，市民在享受出行便捷的同时，也遇到了停车难、出行堵的交通压力。

早年前，陆旭东就一直联合规划、城建对实验学校周边进行规划改造，拆除中央隔离绿化带、增设道路缓冲区、改造周边停车场。2020 年，他还在校门口斑马线旁用"T 型杆"专门设置了"学生等待区"，改变了以往跑前跑后的方式，将通行率提升了近 40 分钟，护学时间更是缩短至 1 小时以内。根据全区各学校附近交通状况，陆旭东还专门对城区 13 所学校拟定了"一校一策"方案，有效提升了全区交通通行率。

毛卓云　愿做艾滋病监区的灵魂"摆渡人"

　　毛卓云，浙江杭州人，1963年4月生，1997年8月参加公安工作，中共党员。现任浙江省宁波市看守所管教一大队二级高级警长。曾获得"全国公安系统二级英雄模范""全国最美基层民警""浙江省政法工作先进个人"等称号，荣立个人一等功1次、二等功1次、三等功3次。

　　2007年，浙江省宁波市公安局党委决定将全市艾滋病在押人员集中羁押于宁波市看守所。面对巨大的监管压力、高传染性的监管风险和空白的监管经验，许多人望而却步，毛卓云却主动请缨。为了拉近与艾滋病在押人员的距离，毛卓云只试穿了一次单位为他配发的防护服就搁置了。2014年，他将艾滋病在押人员从装有玻璃墙隔绝的特殊监室搬到了普通监室。如今，他更是将谈话室搬进艾滋病监区，但随之而来的职业暴露风险也极大增加了。

　　面对别人的不理解，毛卓云表示，管好艾滋病在押人员，让他们既体会法律的威严，又感受人性的温暖，在认罪、悔罪中看到未来和希望，将为社会安宁增加一个重要砝码。

工作中，毛卓云主动钻研相关法律法规，查阅大量艾滋病资料，向市疾控中心请教有关知识，并自学心理、教育、医学等领域的知识，积累了十余万字的工作笔记，总结提炼出艾滋病在押人员管教"五心工作法"，为浙江省特殊监管对象管理工作提供了宝贵经验，并在全省公安监管系统推广。

"作为一名管教民警，就是要站好自己的岗，做好自己的事，尽好自己的责，简单的事情重复做，重复的事情用心做，就能成为专家、成为赢家。"在毛卓云精神的感召下，宁波市看守所多名同志主动要求接班，承担艾滋病在押人员管教工作。

艾滋病在押人员既是违法犯罪嫌疑人，也是社会上受歧视的人群，很多人心理扭曲、漠视亲情、仇视社会。多年来，毛卓云与艾滋病在押人员朝夕照面，用法律、温情、关怀、爱心牵起彼此信任的"红丝带"，帮助他们认罪悔过、重拾信心、重归正途。

周　扬　善打硬仗的铁血民警

周扬，浙江温州人，1975年10月生，1997年7月参加公安工作，中共党员。现任浙江省温州市公安局鹿城区分局刑事侦查大队教导员。曾获得"全国先进工作者""全国公安系统二级英雄模范""全国见义勇为先进个人"等称号，荣获全国五一劳动奖章。

20多年从警生涯里，周扬的身上留下了1处枪伤、11处刀疤，缝过142针。这些伤疤对周扬来说，既让他体会到生命的宝贵，更让他感受到"警察"这两个字的价值。

1996年9月16日晚，夜色漆黑如墨，当时还是一名年轻治安联防队队员的周扬，正和队友在市区巡逻。"那边路口两个人在干吗？我去看看。"直觉告诉他，这两个形迹可疑的男子"有问题"。周扬一个箭步截住二人，不料其中一个男子把手伸进车篮拿出了一把手枪。周扬一边大喊着"有枪"，一边冲向歹徒。一声枪响响彻夜空，周扬感到右大腿剧烈疼痛。他咬着牙与歹徒搏斗，夺下了枪支，赶来的队友们将两个歹徒制伏。经查，这两个歹徒当晚欲在温州市区持枪抢劫，却被"火眼金睛"的周扬识破。

这一枪导致周扬的右腿骨粉碎性骨折，被打上了30厘米的钢板和9颗螺丝钉。伤愈后的周扬被特招进公安队伍，他主动提出要去他向往的刑侦大队工作。

2008年，辖区内发生一起绑架案，一名女子被绑架到一辆轿车上。当时已调至便衣侦查大队的周扬接到指令后，迅速和队员们赶到现场，精心制订营救人质方案。经过谈判，歹徒"拿到"了10万元现金，用刀胁迫受害人，驱车逃跑至一个十字路口，下车想混入周围群众。周扬抓住机会，和另一名队员骑摩托车从前方截住歹徒。周扬直接举枪瞄准嫌疑人，喊道："不准动，警察！"歹徒当时就被震慑住了。周扬和同事迅速制伏歹徒，周围群众纷纷拍手叫好。

2020年，面对突如其来的新冠肺炎疫情，时任温州市公安局特巡警大队教导员的周扬，带领大队200多名民辅警坚守在城乡卡点、医院隔离区、城区警务站等抗疫一线阵地，高效有序开展疫情防控工作，最大限度避免了风险隐患发生。

张　劼　真金遇烈火，忠诚铸警魂

张劼，安徽蚌埠人，1980年3月生，2000年12月参加公安工作，中共党员。现任安徽省蚌埠市公安局特警支队副支队长。曾获得"时代楷模""最美奋斗者""全国公安系统二级英雄模范""全国公安楷模""全国特级优秀人民警察"等称号，荣获中国青年五四奖章。

2016年1月5日，一名犯罪嫌疑人扬言要引爆家中准备的多个汽油桶和液化气罐，与全楼居民同归于尽。接到警情后，张劼临危不惧，第一个冲入房间，奋力将正在打开汽油桶和液化气罐的犯罪嫌疑人扑倒在地。由于泄漏的汽油和液化气爆燃，他面部及全身30%面积深二度烧伤。

在7天抢救期间，医院先后2次下达了病危通知书，张劼几番游离在生死边缘。病情稳定后，转入上海医院进行进一步治疗。5年多来，张劼先后经历了22次大手术、几十次植皮，以及6次激光治疗。每一次植皮换肤，都是一次痛不欲生的磨难，都是一次撕心裂肺的煎熬。病痛并没有让他懈怠和停滞不前，在顽强的意志和良好的心态下，他通过配合治疗和积极锻炼，在恢复过程中不断提高自身体能，让自己用最快的方式、以更好的状态，回归热爱的工作岗位。

2019年5月，张劼担任留置看护大队政委。为打造一支政治可靠、素质过硬的看护队伍，张劼牵头拟定了《看护人员行为规范》《留置看护大队辅警教育训练实施方案》等制度措施，积极组织留置看护民、辅警开展各项政治教育活动，强化了留置看护大队的队伍管理，致力上下齐抓共管，压实工作责任，打造了一支讲政治、懂业务、守规矩、作风硬的高素质专职留置看护队伍。

2020年抗击新冠肺炎疫情期间，留置看护大队实行全封闭管理。张劼克服家庭和身体病痛的困难，一再推迟前往上海的手术治疗，带领民警、辅警160余人，连续87天战斗在疫情防控第一线。张劼深入了解大家的困难和需求，对民警心理进行疏导调节，组织开展了一系列爱警暖警活动，有效提高了队伍的凝聚力和战斗力，圆满完成了各项任务，实现了留置场所零感染。

周克武　为科技强警赤诚奉献

　　周克武，安徽马鞍山人，1975年2月生，1997年6月参加公安工作，中共党员。现任安徽省马鞍山市公安局科技信息化支队支队长。曾获得"全国先进工作者""全国公安系统二级英雄模范""全国优秀人民警察""全国公安科技工作先进个人"等称号，荣立个人三等功1次。

　　1997年，大学计算机专业毕业后，周克武通过招考进入公安系统，被分配到基层派出所工作。面对警力紧缺的情况，他自筹资金组装电脑，研发了一套人机语音对话系统，为群众提供语音咨询服务，获得广泛好评。

　　由于能力突出，周克武被先后调至马鞍山市公安局刑警大队、治安大队等单位工作。办案之余，他又相继研发出"临时身份证办证系统""智能笔录系统""智能比对工具"等一系列小巧实用的软件，在基层实战中发挥了积极作用。

2012 年 6 月，周克武接到"智力援藏"工作任务。到达西藏自治区山南地区（现为山南市）后，他发现当地几乎没有成熟可用的系统平台，信息化培训更是无从谈起。为了不辜负组织信任和西藏同行期望，周克武迅速进入紧张的工作状态，建系统、搭平台、打基础，每天坚持工作 17 个小时不停歇。

周克武的真情付出感动了当地民警，在他们的一再要求下，援藏期限又延长了一个月。2013 年，周克武开启了第二次援藏之旅。两次援藏的 180 个日日夜夜里，他为西藏公安建成 8 个系统平台、36 个门户网站，总价值达 200 余万元；累计培训民警 3000 余人次，并帮助培养了 30 余名科技信息化专业人才，使当地警务科技工作焕然一新。

2017 年、2020 年，他两次参加公安部科技扶贫小分队，积极向贵州省黔西南布依族苗族自治州捐助自主研发的系统平台，先后赴全国各地公安机关开展各类宣讲 100 余场次。

2014 年 10 月，马鞍山市公安局成立了"周克武科技创新团队"。该团队创新推出的"云智办案通"，已被全国各地公安机关免费下载 47 万余次；研发的"一体化自助办证机"，实现了户政、交警、出入境业务一机办理，为群众提供 24 小时"不打烊"办证服务。

王 屑　为公安工作燃尽生命的光与热

王屑，安徽宿松人，1969 年 11 月生，1989 年 7 月参加公安工作，中共党员。生前任安徽省安庆市太湖县副县长、公安局局长。2021 年 9 月 1 日，因胰腺癌医治无效去世，年仅 51 岁。曾获得"全国公安系统二级英雄模范"等称号，荣立个人二等功 1 次、三等功 5 次。

"公安事业是一项崇高的事业，我十分热爱这项工作，万分珍惜这个岗位。"这是王屑在工作笔记里写下的一句话。从警 32 年，在刑侦、经侦、反恐等多个岗位上，王屑用实际行动兑现着这句话。

2017 年 1 月，在侦办一起跨境网络赌博案件时，时任安庆市公安局大观分局副局长的王屑迅速推动成立专案组并担任主办侦查员，与办案民警一起风餐露宿，"白＋黑""5+2"地收集线索、分析研判、拟定方案……经过 2 个多月的日夜奋战，他们奔波千里、辗转 5 个省份，抓获主要犯罪嫌疑人 14 名，冻结赌资 5100 余万元。

2018 年 8 月，在侦办以王某志为首的黑社会性质组织犯罪案中，时任安庆市公安局反恐支队支队长的王屑被抽调任该案的主办侦查员。接领任务后，他挑灯夜战、抽丝剥茧，每天工作到凌晨三四点，带领专案组民警对王某志犯罪集团进行全方位侦控。2018 年 10 月 1 日，专案组对该案件进行收网，先后抓获犯罪嫌疑人 20 余名，查扣涉案资金 7000 余万元。

2020 年 1 月，新冠肺炎疫情袭来，安庆市公安局迅速成立疫情防控应急指挥部，王屑任大数据专班负责人。专班成立的第一周，他没回过一次家，休息时间加起来不到 20 小时。

在一次又一次的急难险重任务中，王屑总是奋勇担当、身先士卒、冲锋在前。调至太湖县公安局工作后，王屑每天都超负荷工作，既当指挥员，又当战斗员，亲任大案要案专案组长，协调处理了一大批棘手问题。直至除夕前夜被查出癌症后，仍毅然离开医院，返回一线检查除夕安保勤务，看望一线坚守岗位的战友们。

在与病魔作斗争的大半年时间里，王屑最放心不下的事依然是太湖公安工作。他在临终弥留之际，反复说的话是："让我穿着警服走，下辈子，我还要做警察！"他以实际行动诠释了共产党员和人民警察的铮铮誓言，将人生最美好的年华和最宝贵的生命奉献给了崇高的公安事业。

潘东升　永葆对党的无限忠诚

潘东升，福建平潭人，1964 年 9 月生，1984 年 8 月参加公安工作，中共党员。生前任福建省公安厅党委委员、福州市公安局局长。2021 年 9 月 25 日，突发疾病，经抢救无效去世，年仅 57 岁。曾荣立个人二等功 2 次、三等功 1 次。被追授"全国公安系统一级模范英雄"等称号。

这是潘东升牺牲前一周的行程记录——

9 月 18 日，凌晨 2 时，他还在指挥核查一起涉疫警情，这一天是他的生日；9 月 23 日，疫情防控、安保指挥，他先后赴 9 个地方调研检查；9 月 24 日，忙完工作的他拨通了妻子的电话，但这最后一通电话因工作事务中断了 8 次。

短短 7 天，35 场活动，他始终像陀螺一样转个不停。

人们不禁想问：一个人为何能够把工作看得比生命还要重？那是因为，在潘东升心里，警察不仅仅是一份工作，更是一份值得用生命去践行的使命。

"永葆对党的无限忠诚。"这是 2019 年 8 月 22 日潘东升在龙山会议纪念馆参加主题党日活动时，在留言簿上写下的一句话，也是他一生的执着信念和动力源泉——

作为福建省公安厅信息化建设专家组组长，潘东升亲历了福建公安科技信息化从无到有、人有我优的全过程。在福州任职期间，他推动建立了市级公安数据的"共享池"，为互联网政务应用、疫情防控提供了"信息基座"。

在福州工作期间，潘东升大力推进"互联网＋公安政务服务"，公安行政审批服务事项平均办理时限压缩至法定时限的 22％；在派出所设立"办不成事"受理窗口，创新推出落户"零门槛"、窗口"无否决权"工作机制。

潘东升生活俭朴，用了 13 年的黑色尼龙公文包已经破损，他却不舍得换；他高度自律，是"不赴饭局的公安局局长"，曾说："如果哪天哪个民警看到我在饭局上，就过来扇我两个耳光。"

从省厅到三明，再到福州，潘东升推出"暖警"工程、"积分制团圆计划"、常态化解决职级晋升、推进民警补充医疗保险……一件件暖警惠警的实事、好事，让民警们"人留得住、心静得下、劲提得起"。37 年从警时光里，他留下了无数忠诚使命的足迹。

熊国海　善用数据办案的刑侦尖兵

　　熊国海，江西南昌人，1977 年 11 月生，1999 年 9 月参加公安工作，中共党员。现任江西省南昌市公安局刑侦支队副支队长。曾获得"全国公安系统二级英雄模范""全国刑侦情报研判能手""全国公安优秀刑警"等称号，荣立个人一等功 1 次、三等功 6 次。

　　1999 年，熊国海从江西农业大学食品工程专业毕业，被选拔到公安机关刑侦部门工作。从接处警、调查访问、现场勘查、获取证据，再到立案、抓捕、预审、移诉等，他抢着干、用心干，从零开始，悉心钻研，短时间里从"门外汉"成长为队里的办案骨干。

　　刑侦信息化实战应用是刑侦工作的前沿。2010 年，熊国海创建了"南昌刑侦网上作战平台"。在"清网"行动中，全市通过平台应用抓获网上逃犯 800 余人，排名江西省首位。2018 年，熊国海创建"合成侦查工作平台"，做到"案件资料档案化、工作流程视图化、手段运用集约化"，进一步提高了合成作战水平。

2018 年以来，熊国海充分发挥刑侦信息化实战应用优势，对南昌市侦办的 100 多起涉黑涉恶案件给予技术支持。2020 年，他落实常态化开展扫黑除恶斗争的要求，创新打造监测预警监督管理平台，提取有警不处、有案不立、压案不查、多案不串等多种预警信息，对执法办案风险点"落锁"。

程永林　情怀大爱的凛然勇者

程永林，江西贵溪人，1980年3月生，2001年12月参加公安工作，中共党员。现任江西省贵溪市公安局政委。曾获得"全国公安系统一级英雄模范""中国好人""全国岗位学雷锋标兵"等称号，荣获全国五一劳动奖章、中国青年五四奖章，荣立个人三等功7次。

2016年4月25日下午，程永林与战友执行公务途中，抓获了一个涉枪案件嫌疑人，但遭到隐藏在附近的另一个嫌疑人驾车疯狂撞击。关键时刻，程永林将身边战友推开，自己却身负重伤，倒在血泊中。他全身23处粉碎性骨折，肺部、双肾严重挫伤，仅脸部就用了98颗钛钉复位。然而，他并没被一身的伤痛所击倒，而是积极参加康复训练，仅用了1年多的时间就重新回到热爱的工作岗位，继续在新的岗位上发光发热。

英雄壮举，绝非偶然。2004年冬天，贵溪市塘湾镇芦甸村发生山林大火。正在派出所值班的程永林接到报警后，立即投入灭火战斗。他发现一位村民被大火围困，便立即冲了进去，把村民从火海中背了出来。程永林的头发、眉毛被烧焦，手脚被划破，但他全然不顾，一口气把村民背下山，送上了救护车。2012 年 3 月，在高速收费站围堵流窜盗窃的"天涯豹"犯罪团伙时，程永林自告奋勇接下了开车拦截嫌疑人车辆的任务。在成功逼停几番冲卡逃窜的嫌疑人车辆后，他迅速下车，毫不犹豫地冲上前去破窗抓捕。这个疯狂流窜作案近百起、涉案价值数十万元的盗窃团伙终于落网。21 年来，程永林参与侦办各类刑事案件近 2000 起，抓捕犯罪嫌疑人 800 余个。

2017 年 8 月，历经多次大型手术、重新站立起来的程永林，多次向组织请求回到工作岗位，并担负起组建贵溪市公安局合成作战中心的重任。返回工作岗位后，程永林一面整合公安资源，服务一线警种；另一面积极投身实战，攻坚命案。在他的推动下，合成作战中心先后抓获最长达 26 年的命案嫌疑人 8 个，侦破重大案件 6 起，有力维护了社会公平正义。

李　涌　平凡担使命，热血铸英魂

　　李涌，山东胶州人，1966 年 11 月生，2005 年 9 月参加公安工作，中共党员。山东省青岛市公安局交警支队同三高速公路交警大队二中队原中队长。曾荣立个人一等功 1 次、二等功 3 次、三等功 2 次。被追授"全国公安系统一级英雄模范"等称号，被评定为烈士。

　　2005 年，李涌从一名汽车兵转业到青岛市公安局交警支队，先后在原四方大队人民路中队、市北大队辽源路中队工作。2017 年 6 月，他又转至同三高速公路大队。从看路标到成为"路标"，他称之为"专业对口"。青岛的路承载着整座城市的蓬勃脉动，而他最常巡护的这个十字路口是青岛市市南区与市北区的交会点。细碎的公路毛细血管网在这里汇入主动脉，平均每分钟通行车辆超过 500 辆。

　　为了最大限度提高车辆通行效率，李涌根据日常观察和工作经验，将哨音与肢体语言相结合，自主创造了 3 类 10 项"温馨提示手势"，比冷冰冰的提醒更多了一丝温度。肩膀一扣，往斜下方一拉，代表请系好安全带；拳头一攥一张，提醒正确使用灯光；司机配合到位时，他会微笑着竖起大拇指……高瘦的身影像车流中央的定海神针，常来常往的司机都认识李涌，都说："哪里堵了，只要李队来，马上就能通畅。"

2021 年 10 月 3 日凌晨，李涌带领一名辅警在辖区高速公路巡查时，对涉嫌酒驾的驾驶人依法盘查。处置过程中，嫌疑人从护栏空隙穿越至护栏外侧，扒住桥面，半身悬空，随时可能会坠落。李涌上身探出护栏，一把抓住驾驶人，用力往上拖拽。辅警迅速冲过来，配合李涌紧紧扣住驾驶人的手腕。驾驶人脱离了危险，却在极力挣扎中导致李涌失去重心，从护栏边翻落跌至桥下，不幸牺牲。

李涌牺牲后，同三高速公路交警大队成立"李涌党员先锋突击队"；交警市北大队在李涌曾经执勤过的山东路延吉路路口，设立"模范标兵岗"；打造"零违法"示范路口，传承李涌同志精神品质。李涌牺牲后的第 116 天，女儿李圣站定在他守护多年的十字路口。白警帽，荧光绿，两代交警人隔着时空打出同款"温馨手势"。这一幕特殊的父女"同框"，让警号"111871"的光荣故事得以续写。

付绍刚　百炼成钢，勇于担当

付绍刚，山东潍坊人，1977 年 2 月生，2005 年 9 月参加公安工作，中共党员。现任山东省龙口市公安局北马派出所所长。曾获得"全国公安系统二级英雄模范""全国最美基层民警""全国优秀人民警察"等称号，荣立个人一等功 1 次、二等功 1 次、三等功 8 次。

艰险从来阻挡不了勇者向前的步履，付绍刚就是一个向险而行的人。从军、从警多年，他建军功、破大案，缉真凶、抓逃犯，出生入死，一路向前。

2018 年 10 月，一起群众举报某信息公司放高利贷并以虚假诉讼骗取财物的案件引起了付绍刚的注意。深入调查走访后，付绍刚敏锐意识到这是一个有组织的恶势力犯罪团伙。付绍刚和同事在长达 7 个多月时间里，仔细核对该公司进出账目，排查可疑线索，一举查清了以犯罪嫌疑人杨某为首的犯罪团伙的犯罪事实。

至今，付绍刚与战友共打掉黑社会性质组织 2 个、恶势力犯罪集团 8 个、恶势力犯罪团伙 2 个，破获刑事案件 498 起，抓获犯罪嫌疑人 472 个。

与付绍刚共事过的民警对他有着一致的评价："有危险，付绍刚总是冲得最快、冲在最前。"付绍刚的名字里有"刚"，身上具有一种"钢"性，他的信念、胆识、作风都显现着钢铁一般的特质。从警 17 年来，付绍刚战斗在最苦、最累、最危险的打击犯罪一线，多次直面穷凶极恶的歹徒，冒着生命危险解救人质，无数次满腔热情为人民群众排忧解难，想方设法帮群众追回被盗财物。

2022 年 4 月，他走上北马派出所所长岗位。这个位于城乡接合部的辖区，治安状况十分复杂。面对新环境，他一方面着手熟悉辖区情况和业务工作，一方面走村入户忙调研。付绍刚说："干工作就要脚踏实地。岗位变了，为群众服务的宗旨不能变。我会发挥自身所长，与同事一起为群众解难事、办实事，守护一方平安。"

杨旭恒 勇者无畏搏激流

杨旭恒，河南新密人，1989年2月生，2011年11月参加公安工作，中共党员。现任河南省新密市公安局副局长。曾获得"全国公安系统二级英雄模范""河南省防汛救灾'身边好人'""郑州市平安中国建设先进个人"等称号，荣立个人三等功1次。

2021年7月，河南省连续强降雨。7月20日，新密市遭遇特大暴雨，降雨量突破历史极值。在人民群众生命财产安全受到严重威胁的紧急关头，杨旭恒与战友不畏艰险、冲锋在前，勇救51名被困群众。被洪水冲走后，历时10多个小时，杨旭恒成功自救。谈到在洪水激流中奇迹生还，杨旭恒说："主要得益于平时实战练兵打下的良好身体基础和应急实战技能，得益于对辖区地形地貌的熟悉，得益于我和群众杨全相互帮忙、相互鼓励。"

洪水刚刚退去，疫情又卷土重来。2021年8月1日，正在医院接受治疗的杨旭恒，听闻同事们奋战在抗疫一线，便主动请缨。在确定身体无大碍的情况下，他毅然投身疫情防控工作，到居民小区、村庄、沿街门市等开展防疫反诈宣传，坚守抗击疫情的前沿。

从警11年来，杨旭恒始终以守护社会安宁为己任，以服务人民群众为追求，出色完成本职工作。在刑侦岗位，他严谨细致，一马当先，为许多大案要案的侦破作出了重要贡献，先后参与破获各类刑事案件230余起、抓获各类犯罪嫌疑人170余个。在合成作战岗位，他孜孜以求，钻研业务，用信息情报综合分析为视频侦查插上"翅膀"，快速破获网吧盗窃案等案件90余起，帮助找回多名走失老人。在基层派出所岗位，他牢记宗旨，一心为民，脚踏实地为群众办实事、解难事，广受好评。到城关派出所一年来，他累计化解矛盾纠纷30余起，为民办实事50余人次，赢得了辖区群众的广泛赞誉，称他是人民群众身边的"警察英雄"。

乔进全　敢打敢拼的破案能手

乔进全，河南濮阳人，1980年10月生，2001年9月参加公安工作，中共党员。现任河南省濮阳市台前县公安局指挥中心主任。曾获得"全国公安系统二级英雄模范""全国特级优秀人民警察""河南公安十大忠诚卫士"等称号，荣立个人二等功1次、三等功2次。

作为河南省濮阳市缉毒战线的一员，乔进全在工作中以"拼命三郎"著称。

2016年2月，在侦破一起公安部毒品目标案件时，面对持枪毒贩，他不惧危险，与毒贩斗智斗勇。抓捕过程中，他身先士卒，第一个扑向持枪毒贩。该案共抓获犯罪嫌疑人11个，缴获冰毒40余公斤、毒资40余万元，斩断了一条横跨三省的特大贩毒通道。

2019年2月，他秘密潜入制毒窝点侦查，对厂房布局、中心现场和周边地理位置进行了细致描绘。4月23日收网抓捕时，他第一个冲进现场，冒着生命危险进入大量有毒有害气体充斥的"制毒车间"展开搜索。抓捕结束后，他主动担当重任，负责整个制毒现场的证据收集固定和嫌疑人的突审工作。该案彻底打掉了一个横跨多省的特大制贩毒网络。

乔进全先后参与侦破毒品案件327起，其中有公安部毒品目标案件9起、省厅毒品目标案件15起，抓获涉毒违法犯罪嫌疑人756个，缴获各类毒品2.06吨、毒资758万元，打掉17个制毒窝点，摧毁20多个贩毒团伙精心构筑的特大贩毒网络。他是公认的破案能手，是让毒贩丧胆的"克星"。

面对百姓和受害者，乔进全侠骨柔情、关怀备至；面对毒贩，他疾恶如仇、绝不手软；面对危险，他挺身而上、毫不退缩。调到指挥中心后，他的工作岗位虽然变了，但他那颗为民服务的心永远没有改变。乔进全以更加坚定的理想信念、更加务实的工作作风，站好每班岗、做好每件事，以实际行动为党和人民再立新功。

沈胜文　甘于奉献的群众贴心人

沈胜文，湖北孝感人，1968 年 10 月生，2004 年 12 月参加公安工作，中共党员。现为湖北省武汉市公安局江岸分局百步亭派出所社区民警。曾获得"全国公安系统二级英雄模范""全国岗位学雷锋标兵""荆楚楷模"等称号，荣立个人一等功 1 次、二等功 2 次、三等功 6 次。

　　自 2004 年由部队转业到公安机关工作，沈胜文始终扎根基层、守护社区，千方百计为社区群众办实事、做好事、解难事。

　　2013 年 8 月，他主动接管武汉市规模最大的保障性住房安置小区百步亭文卉苑社区。面对辖区低保户多、独居老人多、重症困难家庭多、吸毒和前科重点人口多的困难局面，他用真心换真情、用暖心赢民意，对重点群体、困难群众不抛弃、不嫌弃、不放弃，为他们的就业谋生找出路、看病就医想办法。他以实际行动赢得了人民群众的信赖和爱戴，被誉为社区"好当家"、群众"贴心人"。

2020 年初，新冠肺炎疫情暴发。1 月 30 日，区防疫指挥部下达了把感染和疑似感染病患全部送到医院和隔离点集中救治、观察的指令。沈胜文主动向组织请缨出战，说："请把我的微型面包车改造成送医车，一趟还能多送一两个呢。我就是全天候司机，请组织批准！"

得到批准后，沈胜文当即对车辆进行改造。随后，沈胜文驾驶着这辆由民警私家车改造的临时救援车，迅速投身转运病患的工作中。一趟、两趟、三趟……当 9 批 29 名病患全部安全转运完毕，已是次日凌晨 1 点。

整个疫情期间，沈胜文一次接一次地义无反顾、挺身而出，连续 86 天没有回家，夜以继日战斗在急难险重岗位上，以实际行动践行了人民警察的初心和使命。

此后，沈胜文不顾连续奋战的疲惫，继续扑在工作岗位上，先后参与调处矛盾纠纷 600 余起，管控涉毒人员 250 余人。如今，以沈胜文的名字命名的政法先锋队已经成立，为服务群众贡献着更大的力量。

李焱志　用坚守换来群众的安全感

　　李焱志，湖北浠水人，1971年10月生，1996年7月参加公安工作，中共党员。现任湖北省鄂州市公安局局直支队政委。曾获得"全国抗击新冠肺炎疫情先进个人""湖北省维护稳定工作先进个人""湖北省优秀带情民警"等称号，荣立个人二等功3次、三等功4次。

　　2020年初，新冠肺炎疫情暴发后，湖北省鄂州市公安局局直支队副支队长李焱志被抽调到高速公路路口执勤。随着疫情形势的发展，他又下沉社区参与排查走访和转运收治。

　　其间，李焱志积极参与入户排查工作，共入户600余家，做到了全面宣传政策法规、耐心讲解防护知识、细心查测体温病史、详细询问活动轨迹、逐户配送防护用品等各种内容一项不落。他不畏风险，冲锋在前，协助各包保单位和社区转运送治、隔离"四类人员"163名，为全社区2923户、11200人排查不漏一户、不掉一人，

"四类人员"应送尽送、应收尽收工作目标的全面实现发挥了积极作用。

在入户排查、人员送治工作基本完成，小区封控安全严密后，李焱志仍一刻没有放松，又加大对小区居民生活的保障服务力度，切实解决居民的生活困难。在协助社区、包保单位为居民配送生活物资的同时，他督促其依照规定进行，避免人员聚集，引发风险。同时，他发挥公安职能作用，及时解决居民实际困难。

受到父亲的影响，就读于湖北警官学院的李焱志儿子李澎坐不住了，主动写了一封抗疫"请战书"。在得到批准后，李澎走进吴都社区，协助工作人员开展巡逻管控、入户排查等工作。"父子兵"并肩奋战，冲在抗疫前线，展现了"疫情当前、警察不退"的豪情壮志。

于　勇　时刻处于战斗状态的"特警尖兵"

　　于勇，山东滨州人，1982年7月生，2004年8月参加公安工作，中共党员。现任湖南省长沙市公安局特巡警支队第一留置管理大队大队长。曾获得"全国人民满意的公务员""全国青年岗位能手""湖南省模范退役军人"等称号，荣立个人一等功1次、三等功4次。

　　"我们时时命悬一线，老百姓才能天天平安。"于勇常挂在嘴边的这句话，正是他每次冲锋在抗震救灾、突发事件等现场一线的真实写照。

　　作为一名特警队员，于勇将自己的青春献给了训练场。对于他而言，训练任务就是对自己的挑战。他总是超额完成，不断给自己加压，一次又一次突破自己的体能极限。几年的高强度训练，使他的右腿膝盖半月板受到损伤，内侧十字韧带撕裂。为了克服损伤带来的身体限制，他选择"从头开始"偷偷训练左手持枪、左腿跪地。

功夫不负有心人。半年后，于勇竟以优异成绩通过了射击、擒拿格斗、综合体技能、攀爬速降、武装越野等科目考核。

2016 年中秋节前夜，两声枪响撕破了夜的寂静，长沙市某学校发生了恶性持枪杀人事件。按照支队要求，于勇快速反应，带领 2 名队员，携带武器装备，于次日凌晨 2 点到达嫌疑人藏身地。为防止嫌疑人逃脱，根据任务分工，带枪的一组在门的一侧；于勇佩戴防割手套，单独站在门的另一侧，伺机准备抓捕。由于嫌疑人处于极度亢奋期，不是抓捕的最佳时机，只能继续等待。

一个小时、两个小时……由于戴了防割手套，不利于使用枪支，于勇只能徒手面对持枪嫌疑人。但他没有多想，眼睛死死盯着紧闭的房门，保持着抓捕姿势。只要嫌疑人一露面，他就要毫不犹豫冲上去将其控制。早晨 6 点 40 分，强攻命令突然到来。他毫不犹豫，用身体把门撞开，迅速冲入房间内，将刚刚起身的犯罪嫌疑人制服，并当场缴获上膛的手枪。

"我将人生中最美好的青春年华，献给了我热爱的特警事业，我从来没有后悔。"回顾自己从警以来的经历，于勇的眼中始终坚毅有光，握紧的拳头似乎有着无限的力量。

李世全　忠诚担当写丰碑

李世全，广东清远人，1968 年 4 月生，1990 年 7 月参加公安工作，中共党员。广东省广州市公安局政治部原主任。曾获得"广东省优秀人民警察""广东省公安系统奥运安保工作先进个人"等称号，荣立个人一、二、三等功各 1 次。被追授"全国公安系统二级英雄模范"等称号。

2020 年重阳前夜，李世全倒在执勤一线。此前整整 30 天，他日均工作超 14 个小时。生前最后 30 天是他从警 30 年的工作缩影。遗憾的是，他夜以继日，为广州安保"扫雷"，却因长期透支身体，给自己健康"埋雷"。

从警以来，李世全先后参与广交会、九运会、广州亚运会等重要活动安保，以及重大警情案件。加班、晕倒、负伤，对他来说是家常便饭。

2006 年，在一起案件的处警现场，见滋事者突然动手，他一把推开其他民警，自己却被锄头狠狠砸中。第二天，他的腰部、腿上出现大片淤青和血印。2008 年，执行奥运火炬广州站传递任务期间，他整整 70 天吃住在单位。2011 年，在处置增城警情时，他被石块砸中脚，仍强忍剧痛坚守。直到第二天走不了路，他才找随队医生简单处理。

工作中，李世全还特别注重"创新"。2001 年，他参与建立"广交会"安保工作新模式，被沿用至今；2003 年，他走遍 208 个春运站场和售票点，建立起延续至今的广州春运安保模式；2015 年，他推动成立反电信诈骗中心，推进反诈工作上了一个新台阶；2020 年疫情防控最吃紧阶段，他探索创立"四到位、五注意、六报告、七加强"队伍管理工作法，30 余次深入一线参加疫情防控和检查慰问，在战"疫"前线发展党员 16 名，动态调度 25 批 531 人次骨干力量投入疫情防控关键岗位，组织对 494 人予以战时表彰，确保了党旗始终在广州公安抗疫一线高高飘扬。他用实际行动统筹思想政治工作与疫情防控工作双发展。

"我们决定不了生命的长度，但可以延展生命的宽度。"这是李世全的座右铭。他 30 年克己奉公的坚守，激励了广大干警忠诚履职、继续他未竟的事业。

戴维列　警营"福尔摩斯"让证据"说话"

戴维列，山东潍坊人，1965年1月生，1988年7月参加公安工作，中共党员。现任广东省广州市公安局刑事技术所所长、主任法医师。曾获得"全国先进工作者""全国公安系统二级英雄模范""广东省先进工作者"等称号，荣立个人二等功1次、三等功2次。

最先检出广东省第一颗摇头丸，查获首宗体内藏毒贩毒案；参与的科研项目5次荣获国家科技进步奖二等奖……30多年从警生涯中，戴维列参与过2000多宗重大刑事案件中过万件物证及毒物检验工作，零失误、零差错；参加并指挥上百宗重特大案件现场勘验，推动广州市专业化现场勘查率提高到100%。

如何寻找犯罪的痕迹？如何让无声的物证说话？工作中，戴维列以案件需求为引导，依托刑技所建立公安部法医病理学重点实验室、博士后科研工作站，采取独立研发或与高等院校合作等形式，带领广州刑事技术科研团队，走出了一条创新驱动发展之路，奋力走在全国前列。

针对水中腐败尸体的死因鉴定，戴维列和同事们历经 10 多年研究取得重大突破，检验设备研发取得重大创新，极大提高了法医病理检验能力，先后协助 22 个省份破案 400 余宗。

因长期与有毒物质打交道，加上此前自己服用药物做实验，对身体健康造成了较大的伤害。2003 年 5 月，戴维列被确诊患上恶性淋巴癌。住院接受放射治疗期间，他仍不忘工作，多次回办公室参与、指导实验室改造，以及市局组织的相关业务培训。戴维列以实际行动，深刻诠释了科技人员的钻研精神、创新精神，以及公安民警舍生忘死、不怕牺牲的战斗精神、献身精神。

林伟光　铁骨铮铮，除暴安良

　　　　　　　　林伟光，广东佛山人，1975年12月生，1995年7月参加公安工作，中共党员。现任广东省佛山市公安局刑警支队副支队长兼八大队大队长。曾获得"全国公安系统一级英雄模范""全国特级优秀人民警察"等称号，荣立个人一、二、三等功各2次。

　　"报告，林伟光请求归队！"

　　2018年1月3日下午，广东省佛山市公安局刑警支队八大队大队长的林伟光，经过整整一年康复治疗，伤愈归来向组织报到。2017年1月4日凌晨，林伟光带队追捕一宗走私香烟案的嫌疑人时从10余米高架桥坠下，全身10多处开放性骨折，头部、右臂、髋关节、右腿伤情严重，一度生命垂危。

　　这不是林伟光第一次受伤，却是最牵动人心的一次。他这次回归警队，用已无法伸直的右手接回配枪。"感谢组织，感谢社会各界的关心，让我倍感自信！"

林伟光在广东警队是一个铁骨铮铮人物。在与犯罪分子的斗争过程中，他先后30多次负伤，8次伤重住院，2次与死神擦肩而过。他身上的累累伤疤见证了他英勇无畏、除暴安良的决心和勇气。

从警以来，林伟光常怀爱民之心，常思为民之计，恪守为民之责，总是带着对群众的深厚感情去开展工作，努力做群众的贴心人和守护人。他以身作则、率先垂范，苦练驾驶、跟踪、射击等抓捕技巧，能够在驾驶摩托车高速行驶的过程中双手离把、拔枪上膛精确射击，引来一众队友学习效仿。但凡执行抓捕任务，他总是冲锋在前、以一当十。

林伟光不仅自己言传身教，还要求大队领导班子率先垂范，各项工作务必"领导带头上"。这支"无人不受伤、无人不立功"的英雄队伍也因此被誉为佛山"铁骑神鹰"，让犯罪分子闻风丧胆。正是因为有这样一支英雄的队伍，八大队牵头负责的涉盗抢犯罪专项行动绩效最近三年连续排名广东省第一，佛山市"两抢"案件从2001年的1.58万宗下降到2018年的263宗，降幅高达98.3%。全市日均110刑事警情由以前的400宗下降到现在的50宗左右，创造了很多人认为不可能的"奇迹"。

黄　礼　甘做守护平安的"螺丝钉"

　　黄礼，壮族，广西崇左人，1981年10月生，2002年7月参加公安工作，中共党员。现任广西壮族自治区南宁市公安局情指中心副主任。曾获得"全国公安系统二级英雄模范""全国优秀人民警察"等称号，荣立个人一等功1次、二等功1次、三等功4次。

　　2002年7月，黄礼以优异成绩从警校毕业，主动要求到工作艰苦的刑侦技术岗位。担任技术中队中队长后，他带领团队取得多项成果，实现了全区刑事技术领域零的突破。2010年3月，他所在的刑侦综合技术实验室被公安部评为"全国一级示范技术室"。

　　2012年8月，黄礼主动申请到兴宁分局腰塘派出所当社区民警。他坚持进百家门，知百家事，解百家忧，照顾孤寡老人，呵护农民工子弟健康成长，发动群众捐建"安全防范图书角"……短短半年时间，黄礼就从一个进不了门、说不上话、办不了事的社区警务工作"门外汉"，转变成为熟练驾驭社区警务工作的"行家里手"，连续四年在分局社区警务工作绩效考评中名列前茅。

2013年底，黄礼根据辖区实际，将互联网与社区警务相结合，利用手机微信创建"黄礼微信警务室"。通过科学管理和规范运行，形成一套独特的"线上＋线下"微宣传、微服务、微调解、微调度、微破案的"五微工作法"，既解决警力不足，又解决警民节奏不同步、文化差异难沟通、相互缺乏信任感等新情况、新问题，达到快速、高效、低成本的警务效果。

在他的影响下，辖区各行各业群众也组建了本单位、本部门二级、三级平安建设微信群，层层传达转发"黄礼微信警务室"内的平安信息，联动近3万名群众，编织串联起一张更大的平安网络，实现了"联系一百人，牵动上万人"的倍增效应。

2021年10月，黄礼调任南宁市公安局情指中心副主任，负责110接处警工作。在新的岗位上，他立足工作职责，创新服务举措，一边挑起民意，一边挑起警务，力争打响南宁公安"扁担110"品牌。

刘　智　在打击犯罪服务群众一线绽放青春之花

　　刘智，湖南湘潭人，1985年3月生，2006年6月参加公安工作，中共党员。现任海南省公安厅海岸警察总队第一支队红岛海岸派出所所长。曾获得"全国公安系统二级英雄模范"等称号，荣获中国青年五四奖章，荣立个人一等功1次、二等功1次、三等功3次。

　　平均每天46起的出警任务，让刘智的手机响个不停：找手机、劝纠纷、办手续、巡大街、宣传反诈……从这些看似鸡毛蒜皮的"小事"中，从警14年的海南省公安厅海岸警察总队第一支队红岛海岸派出所所长刘智逐渐找到了心中的"大事"，不仅屡破民生小案，更多次破获大案要案。

　　在公安部的毒品目标案件中，刘智带队在临高县黄桐村抓捕毒贩并搜查毒品，狡猾的毒贩将毒品藏在卧室的天花板上。正当他和同事攀爬上去准备提取物证时，无意触发了毒贩事先设置的两枚土炸弹。

为了掩护同事和保全证据，刘智下意识飞扑上前，其中一枚土炸弹就在他脚下落地炸响，另一枚土炸弹被他用手接住。他的脸部和脚踝当场就被炸伤，流血不止。由于扑救及时，警方成功查扣了开心果 1.7 万余粒和冰毒 3 公斤。

3 秒钟生死时刻，刘智把安全留给战友，把危险挡在身前。从警至今，刘智还曾遭遇过很多危险场景。他曾被数十个歹徒持刀追砍，曾飞扑上汽车的挡风玻璃逼停驾车逃窜的毒贩，曾与亡命之徒持枪对射。

据统计，刘智所在的派出所年均出警量为 1.7 万余起，而警情处置只是派出所众多工作中的一项。

2021 年 6 月 25 日 13 时许，3 名妇女因投资失败，爬上了该辖区一栋烂尾楼的楼顶扬言跳楼自杀。当时，正逢海口遭遇强对流天气，狂风暴雨，积水很深，对救援造成一定难度。刘智带队一口气徒步爬了 25 层楼后，就带头跳进污水里靠近做劝导工作。经过 3 个小时的劝导，刘智带队联合消防等多部门将人全部救下。

参加工作以来，刘智参与侦办和带领全所民警共破获刑事案件 1437 余起，其中重特大案件 217 起，查处行政案件 5600 余起，打掉犯罪团伙 160 余个。因为刘智姓"刘"，又屡破大案要案，被辖区群众和派出所民警亲切地称为"牛"（谐音）所长。

严树勋　专啃"硬骨头"案件的琼岛英雄

严树勋，海南琼海人，1976 年 6 月生，1997 年 9 月参加公安工作，中共党员。现任海南省临高县副县长，公安局党委书记、局长。曾获得"全国优秀人民警察""海南省优秀共产党员""海南省优秀人民警察""琼海市优秀共产党员"等称号，荣立个人二等功 1 次、三等功 3 次。

从警以来，严树勋一步一个脚印，扎扎实实学理论，勤勤恳恳干工作，成长为海南公安刑侦队伍的领军人物，被战友们誉为专干"大活儿"、专啃"硬骨头"的琼岛英雄。

黄鸿发家族黑社会性质组织案是海南省破获的涉案人数最多、牵扯范围最广、动用警力最多、抓捕人数最多、受关注度最高的涉黑案件，由全国扫黑办和公安部挂牌督办。具体负责专案工作的严树勋，与专案组民警一道攻坚克难，历经 540 多个日日夜夜，最终将该组织绳之以法，追缴涉案资产价值 25.3 亿元。

2018 年 10 月底，严树勋接受这一重大任务后，立即带领 10 余名侦查员不分昼夜地开展调查。通过梳理举报信中的零碎线索，他敏锐地发现，黄鸿发家族黑社会性质组织犯罪涉案领域广、人数多、条线复杂，其组织结构严密，经过几十年的发展壮大，已经公司化运作进行漂白。同时，在扫黑除恶专项斗争强大攻势的震慑下，他们紧缩人员、减少行动，想方设法逃避打击，这给侦查工作带来了较大困难。

为获取证据，严树勋一方面安排侦查员加紧完善涉案人员基础信息资料，开展资产资金调查；另一方面带领专案组成员赴昌江开展侦查。同时，利用互联网拓展线索收集渠道，捕捉到大量潜在的案件线索。

在基本查清黄鸿发涉黑组织层级架构、人员组成和部分违法犯罪事实的基础上，严树勋经过充分预判，认为抓捕时机已经成熟。2019 年 1 月 6 日、7 日，海南省公安厅组织警力对已梳理出的嫌疑人进行全面收网。在昌江抓捕现场，广大群众争相围观，看到骄横跋扈、无恶不作的黄鸿发等人落入法网，无不拍手称快，纷纷称赞公安机关"敢于动硬"，为昌江地区除了一害。

冯中成　竭诚为民，直到生命最后一刻

冯中成，重庆石柱人，1968 年 5 月生，1991 年 8 月参加公安工作，中共党员。生前系重庆市石柱县公安局交巡警大队车管所民警。曾荣立个人三等功 1 次。被追授"全国公安系统一级英雄模范""重庆市优秀共产党员""石柱县优秀共产党员"等称号，以及重庆五一劳动奖章。

2021 年 7 月 21 日上午，冯中成像往常一样，第一个到车辆管理所业务大厅，开启新的一天工作，热情招呼办事群众，热忱指导填表，热心帮助拍照。11 时许，受伤群众陈某跑到车管所业务大厅求救，凭着职业敏感性，他迅速上前将呼救群众护在身后，义无反顾地冲向犯罪嫌疑人。

此时，犯罪嫌疑人李某正在车辆管理所车辆查验现场打砸，为保护群众安全，防止李某再次行凶，冯中成立即上前制止，与李某展开激烈搏斗，不幸被刺中腹部受伤倒地。民警崔巍、邓兵等闻讯

赶来，与现场群众合力将犯罪嫌疑人李某制服。经送医院抢救，冯中成因被刺伤肝脏抢救无效牺牲。

从警31年来，冯中成长期奋战在公安基层一线，忠诚履职、爱岗敬业，顽强拼搏、无私奉献，在平凡的岗位上作出了不平凡的业绩。在派出所工作期间，他深入辖区了解社情民意，妥善调解处理各类矛盾纠纷，严厉打击违法犯罪活动，有力维护了辖区治安稳定。2007年从事交巡警工作后，他潜心学习、刻苦钻研，迅速成长为单位业务骨干，带领民警累计处理交通事故2300余起，查处各类交通违法行为3.5万余起，为保障辖区道路交通安全畅通作出了突出贡献；在负责重点车辆及驾驶人源头管理、机动车远程查验审验审核工作中，他严格执法、秉公办事，全面排查消除交通安全风险隐患，大力开展交通安全教育宣传，尽心竭力服务一方百姓，赢得了运输企业和广大群众的一致好评。他始终以强烈的事业心和责任感，全身心投入工作，舍小家顾大家，以实际行动树立了基层公安民警的良好形象。

陈界安　在看不见的"战场"守护群众钱袋子

　　陈界安，四川广元人，1984 年 4 月生，2007 年 4 月参加公安工作，中共党员。现任四川省广安市公安局经开区分局政委。曾获得"全国优秀共产党员""全国公安机关标兵""四川省先进工作者""四川省优秀人民警察"等称号，荣立个人一等功 1 次、三等功 2 次。

　　2007 年，陈界安从警院毕业考入华蓥市公安局，成为一名社区民警。华蓥山是"红岩"精神的孕育地，陈界安常被华蓥山游击队的故事感染。他曾向所长主动请缨，化装侦破一起强奸多名幼女及杀害他人的恶性案件，成为"镇上的英雄"。自此，陈界安如愿成为案侦民警，在基层摸爬滚打了两年。

　　后来，陈界安被遴选到广安市公安局网络安全保卫支队。非专业的他倍感"能力恐慌"，好在凭着"踏实肯干"，迅速化身"行家里手"，成长为案侦大队大队长。为了熟悉现场情况，他曾半个月跑遍了广安城区各小区、楼栋的所有楼层，成了名副其实的"活地图"。

"有群众被'假警察'骗走了105万元！"2017年3月5日，一位基层民警前来求助。受害人的眼泪，给了陈界安"追凶到底"的决心。经过一个月的艰苦侦查，陈界安和同事查明，这是一起跨国电信诈骗案。在公安部、四川省公安厅的大力支持下，陈界安和同事前往柬埔寨开展侦查，先后遭遇2次飞车抢夺、3次行动失败……历经千辛万苦，最终将所有犯罪嫌疑人押解回国。

多起大案要案的侦办，让这位"80后网警"陈界安崭露头角，成为远近闻名的"反诈专家"。担任大队长期间，陈界安牵头破获200余起案件，为群众挽损上千万元，探索形成了一系列技战法，在看不见的"战场"上牢牢守护群众钱袋子。

罗桑达娃　马背上的"泥朵巴"

罗桑达娃，藏族，四川德格人，1980年10月生，2007年12月参加公安工作，中共党员。现为四川省甘孜藏族自治州甘孜县公安局拖坝乡派出所一级警长。曾获得"全国公安系统二级英雄模范""最美德格人"等称号，荣立个人一等功1次、三等功1次。

　　德格县是传说中藏族英雄格萨尔王的故乡，也是罗桑达娃的故乡。自小生长在牛场，还是"放牛娃"的罗桑达娃便立志当警察，誓愿像格萨尔王那样保护百姓、惩恶扬善。2007年，他通过招警考试层层选拔，光荣地成为一名人民警察。

　　2007年12月，罗桑达娃被分配到甘孜县境内海拔最高、气温最低、条件最差的达通玛派出所。达通玛片区平均海拔在4200米以上，管辖4个乡。罗桑达娃每天巡逻、办案到黑夜，每隔1天还要值守通宵。没叫过一声苦、勤学好问的他很快成长为派出所的业务骨干。

2009 年 4 月，罗桑达娃调到大德派出所任所长。大德乡位于甘孜与青海省的交界，平均海拔 4080 米，是甘孜县境内最偏远的乡镇，治安形势不容乐观。派出所 3 名民警管辖 1666 平方公里，正常情况下巡逻一次得走上 15 天。他经常骑马下乡，马背上驮几箱快餐面和糌粑。晚上借宿牧民家，挨家挨户和牧民交心谈心，宣传法律法规。经过严厉打击偷牛盗马、热情为民服务等一系列实在举动，他很快就打开了工作局面，也赢得了牧民群众的认可。

由于地处偏远，每当得知罗桑达娃要到县城办事，农牧民便将银行卡拿给罗桑达娃，请他帮忙取钱。有时候，罗桑达娃甚至要怀揣十几张银行卡去县城。藏语里，警察被称为"泥朵巴"。在大德乡老百姓的心目中，"泥朵巴"的样子就是罗桑达娃的样子。

经年累月忙碌工作，罗桑达娃身体开始出现问题，组织将他调到海拔相对较低的拖坝派出所工作，负责一个二级卡点的常态化管理，白天开展派出所各项工作，晚上开展卡点查缉和治安巡逻……罗桑达娃和战友们肩并肩，始终尽心守护着甘孜州东大门。

杨宗麟　屡破大要案的刑侦尖兵

　　杨宗麟，苗族，贵州印江人，1975年10月生，1996年7月参加公安工作，中共党员。现任贵州省铜仁市公安局万山分局政委。曾获得"全国优秀共产党员""全国特级优秀人民警察""全国公安系统二级英雄模范"等称号，荣立个人一等功1次、二等功2次、三等功4次。

　　26年来，从社区民警到刑侦副中队长、中队长、刑侦大队长、刑侦支队副支队长，不论岗位如何变化，杨宗麟始终牢记初心使命，坚持战斗在一线，屡破大案要案。

　　在担任印江县公安局刑侦大队大队长之初，面对印江城区抢劫、抢夺、盗窃、诈骗等侵财案件高发的严峻形势，杨宗麟带领队员重拳出击，开展了为期3个月的"反盗打抢"专项行动，破获抢劫案件5起、盗窃案件213起，摧毁犯罪团伙6个，有效遏制了城区侵财性案件上升势头。

在扫黑除恶专项斗争中，杨宗麟日夜奋战在侦查破案第一线，严打涉黑涉恶犯罪。2018年，杨宗麟在工作中发现，有人通过网络组织和介绍卖淫。他和战友们紧盯线索，昼夜鏖战，终于将一个长期盘踞在铜仁境内通过网络组织和介绍卖淫的涉黑涉恶团伙一网打尽，并挖出了该团伙背后的"保护伞"。2018年以来，杨宗麟先后主办和参与侦办了铜仁境内涉黑涉恶案件5起，铲掉了长期盘踞在铜仁境内的涉黑涉恶犯罪集团5个，破获案件200余起，抓获各类犯罪嫌疑人150余人，依法追缴、扣押、冻结资产上亿元，铲除了长期以来影响铜仁社会治安的毒瘤，群众都拍手称快。

手上侦破案件，心中装着百姓，杨宗麟用自己的青春和热血守护人民的生命财产安全，用实际行动诠释了"人民公安为人民"的铮铮誓言。

刘天周　用心用情，守护一方平安

刘天周，贵州开阳人，1980年9月生，2002年6月参加公安工作，中共党员。现任贵州省贵阳市开阳县公安局南江派出所所长、一级警长。曾获得"贵州省优秀人民警察""贵州省文明服务标兵""贵阳市公安机关优秀党务工作者"等称号，荣立个人二等功2次、三等功4次。

2021年9月17日13时许，刘天周出警后驾车回派出所。途经南江村谷坝组时，突闻一阵杂乱的呼救声。刘天周与同事循声赶去，得知两名村民晕倒在化粪池，生命危在旦夕。刘天周义无反顾地跳入化粪池，奋力将一名昏迷的村民托举起来。

在洞口喘了几口气后，他再次钻入化粪池中对另一名村民进行施救。因吸入大量有毒气体，刘天周最终倒在了化粪池内……昏迷近20小时后，刘天周睁开眼睛后说的第一句话是："救的人怎么样了？"

经年累月，刘天周用一次次的"义无反顾"和"舍己为人"影响着身边的每一个人。

2016 年 7 月 20 日，开阳县紫兴社区紫江花园路口，一男子持刀将两名女子砍伤后欲自杀。刘天周立即组织队员对现场进行了警戒，并及时将伤者送医，使事件在 19 分钟内得以有效处置。2017 年 5 月 16 日，一名女子因感情纠纷欲跳楼轻生。刘天周进行紧急部署后，带领民警登上 32 楼楼顶展开救援。此时，刘天周又充当起"谈判专家"的角色，不停与女子进行沟通。在他的现场指挥下，女子被成功营救。

20 年来，刘天周分别在派出所户籍、接处警及巡警大队等岗位工作。担任南江派出所所长期间，他走遍了所有村寨，还总结了一套"群众工作法"：户籍业务要"门儿清"，解释到位按程序；处理矛盾要及时，否则群众"不找你"；张开嘴来迈开腿，百姓把你当亲戚；路上闲事要多管，不然头上"冒金星"；许诺群众要办好，就要事事有回音；绝不索要一根线，党纪党规要谨记。

肖之东　机要工作中走出不一样的精彩

　　肖之东，云南富源人，1967年8月生，1990年7月参加公安工作，中共党员。云南省公安厅警令部办公室机要科原科长。曾获得"全国党政系统机要密码先进工作者"等称号，荣立个人一等功1次、三等功2次。被追授"全国公安系统一级英雄模范"等称号。

　　一生择一事，一事终一生。

　　怀揣初心，一个岗位一干就是30年，他无怨无悔。

　　密码、电报、数字，平凡枯燥中走出不一样的精彩，他用满腔忠诚书写硕硕战果。

　　他就是一直默默奋战在公安战线的"机要先锋"——云南省公安厅警令部办公室机要科原科长肖之东。

　　2019年8月，肖之东在单位组织体检时，不幸被查出患有肺癌。在与病魔顽强抗争的日子里，他时时牵挂着工作，强忍疼痛一边治疗，另一边和同事并肩战斗，直到生命最后一刻。2020年7月14日，因医治无效，肖之东带着对公安事业、对战友和家人的无限眷恋离开了他最挚爱的岗位，生命的钟摆永远停留在了53岁。

平凡之中见伟大，细微之处见精神。30年来，伴随着公安机要密码工作从手工机械作业到电子化、网络化的发展步伐，肖之东既是云南公安机要密码事业飞速发展的参与者，也是见证者和推动者，陪伴了云南公安机要密码工作从无到有、由弱到强的全过程。

30年的风雨坚守、倾心耕耘，肖之东恪守"密码第一位，生命第二位"，安全传递了数十万份信息资料，做到"零事故""零差错"，为机要战线组织培训了1000余名骨干力量，有力推进了机要工作的深入发展。

1999年"中国昆明世博会"安保、2011年"10·5湄公河案件"侦办等一起起重大案事件的处置中，肖之东坚持优质、高效、严谨的作风，用初心和行动诠释了一名人民警察的坚韧执着、一名机要干部的无私奉献、一名共产党员的坚贞忠诚。

张从顺　用生命恪守使命担当

　　张从顺，云南临沧人，1949 年 1 月生，1982 年 7 月参加公安工作，中共党员。生前任云南省临沧市镇康县公安局军弄派出所所长。被追授"全国公安系统二级英雄模范""公安楷模""云岭楷模""云南省优秀共产党员"等称号，被评定为革命烈士。

　　"边疆稳固，国之大计。"云南省临沧市地处错综复杂的边境一线，是为国守门、为国把关的前沿阵地。张从顺 20 岁时响应国家号召参军入伍，脱下军装后穿上警服，依然坚守戍边报国初心。

　　初到军弄派出所的 3 个多月，张从顺常睡在荒山野岭，自己生火做饭，用山茅野菜充饥，把工作搬到田间地头，在哪里遇到群众就在哪里开展工作，走遍军弄乡 8 村 71 寨方圆 352 平方公里土地，发动成千上万群众强边固防。

　　有一次，为侦破一起盗窃耕牛案，张从顺连续数天穿行近 300

公里山间小路，沿途寻访、跟踪追捕。在边境派出所 10 多年里，像这样靠双脚长途跋涉、侦查破案、追回赃物的事例数不胜数，张从顺被当地群众称为"铁腿公安"。在他的努力下，辖区治安、刑事案件查破率均在 90% 以上。

在打击跨境贩毒斗争中，张从顺带领战友抓毒贩、铲窝点、挖源头，誓死将毒品堵在境外。1994 年 8 月 31 日晚，张从顺接到报警，一个毒贩要携带大批毒品经过辖区。他随即带领民警堵卡设伏。9 月 1 日凌晨，当毒贩进入伏击圈时，他和战友迅速扑上去抓捕，不料毒贩引爆了藏在腰间的手榴弹，5 名战友倒在血泊中。未受伤的战友打开手电筒，只见张从顺的左小腿血肉模糊、鲜血直流，但他继续指挥救援，一次次说："不要管我，先救重伤同志！"在送他去医院的路上，战友发现他面色苍白、身体冰冷，这才意识到他已牺牲。生命垂危时刻，张从顺把生的希望让给了战友，把死的危险留给了自己。

张从顺牺牲后，他的 3 个儿子继承父亲忠诚担当的品质，接过父亲为国戍边的使命，先后踏上父亲尚未走完的从警路，继续父亲从警戍边报国的人生梦想。

张子权　接过父亲未竟的事业，为党奉献一切

张子权，云南临沧人，革命烈士张从顺之子，1984 年 6 月生，2007 年 11 月参加公安工作，中共党员。生前系云南省临沧市公安局禁毒支队民警。曾荣立个人三等功 2 次。被追授"全国人民满意的公务员""全国公安系统二级英雄模范""公安楷模""云岭楷模"等称号。

在张子权的记忆里，父亲张从顺常带着年幼的他到边境村寨巡防。站在山顶，张从顺说："你看，密林深处的那边是别的国家，五星红旗飘扬的这边是我们的祖国，我们要像对待生命一样守护好这片热土。"

1994 年，年仅 10 岁的张子权在父亲的追悼会上，含泪紧握拳头说："我也要像父亲那样当一名警察，抓更多毒贩，绝不让父亲的血白流！"从此，"做一个像父亲那样的人"成为他的人生追求。

2003 年，张子权考入云南警官学院，第一时间向组织递交了

入党申请书,写道:"我在父亲身上看到了比生命更宝贵的东西——信仰、一个共产党员的信仰。我要接过父亲未竟的事业,为党奉献自己的一切。"

毕业从警后,张子权义无反顾加入禁毒队伍,奋战在禁毒一线,经常卧底"毒穴",直面枪口利刃,行走在"刀尖"上。自2011年以来的9年禁毒生涯里,他参与缴获毒品27.7吨、制毒物品1186.2吨。

2020年12月,临沧市孟定镇发生一起涉疫案件。面对感染病毒的风险,张子权果断"请战"加入专案组。为防止交叉感染,密不透风的审讯室里不能开空调,他穿着防护服、纸尿裤奋战22天。案件侦办进入抓捕收网环节,张子权在与战友讨论抓捕方案时突然栽倒在地,终因劳累过度牺牲,走完了短暂而光荣的一生。

张从顺、张子权忠诚履行职责使命,哪里有需要就战斗在哪里,哪里有危险就出现在哪里,一代人跟着一代人不懈奋斗,一代人跟着一代人奉献牺牲,践行了为党和人民牺牲一切的庄严承诺。

蔺江平　把赤子之心镌刻在雪域高原

　　蔺江平，藏族，甘肃秦安人，1981年8月生，2000年7月参加公安工作。生前任西藏自治区阿里地区措勤县委常委、政法委书记，公安局党委书记、局长。2020年12月18日，因病牺牲在工作岗位上，年仅40岁。被追授西藏自治区"十大法治人物"等称号。

　　2000年7月，蔺江平从西藏自治区农牧学校毕业后，放弃留在拉萨，毅然选择了父亲奋斗过的阿里地区。

　　在工作中，蔺江平始终牢记父亲的谆谆教诲：不讲条件、不谈价钱，扎根高原、奉献青春。他敢于担当作为、业绩突出，先后任噶尔县公安局狮泉河派出所教导员、所长，阿里地区公安处治安管理支队政委。2017年，蔺江平主动请缨，前往位于阿里地区日土县的泉水湖公安一级检查站任站长。那里海拔高达5100多米，常年狂风肆虐，冰天雪地，被称为"死人沟"。

但就在这样的环境里，蔺江平一干就是 700 多个日夜。他带领检查站的民辅警顶风冒雪、披荆斩棘、一往无前，扎实细致开展各项工作。

2019 年，蔺江平前往阿里地区措勤县任职。他始终把党和人民的利益放在心中最高位置，经常下乡开展调研走访和督导检查，从海拔 5000 多米的布嘎寺、边拉拉康、诺仓村，到海拔 4800 多米的美朵公安一级检查站……措勤县的每个角落都留下了他的足迹。短短一年，他走遍了县里所有的派出所、检查站和警务站。

2020 年 12 月 10 日，蔺江平休假结束。返回措勤县后，他不顾强烈的高原反应，毅然投入紧张的工作中。短短 7 天里，他先后走访措勤县江让乡、曲洛乡（海拔均在 4700 米以上），就案件侦办进行现场指导督办。12 月 18 日，由于过度劳累，加上严重的高原反应，他在自己钟爱的工作岗位上牺牲，用青春和生命践行了人民公安为人民的铮铮誓言。

旺　加　战严寒斗烈日，守护西藏"北大门"

　　旺加，藏族，西藏江孜人，1979 年 8 月生，2006 年 5 月参加公安工作，中共党员。现任西藏自治区那曲市安多县公安局雁石坪一级公安检查站副站长。曾获得"全国先进工作者""全国公安系统二级英雄模范""西藏自治区劳动模范"等称号，荣获那曲市五一劳动奖章。

　　2006 年，旺加被分配到西藏自治区安多县公安局，从事刑警工作。在刑警大队，他刻苦学习、踏实肯干，很快成为一名业务精湛的骨干、一名办案的能手。

　　2009 年，安多县发生多起拐卖妇女案件。旺加来到被拐妇女家中调查情况、收集证据，在经过大量摸排走访后，掌握了被拐妇女的情况。此后，旺加和战友们不顾危险，赶赴外省解救被拐妇女。在他们的不懈努力下，多名被拐妇女得到解救，顺利回到家中。

　　2012 年 11 月，旺加被任命为雁石坪一级公安检查站副站长。

雁石坪一级公安检查站地处国道 109 线上的青海与西藏交界处，是西藏的"北大门"，平均海拔 4900 米，气候十分恶劣，常年大风、冰雹等极端天气频发，冬季最低气温达到零下 30 摄氏度以下，紫外线强烈，工作、生活条件极其艰苦。国道 109 线是进藏的公路主要通道，年均流量达到 30 余万辆、80 余万人。旺加经常带领检查站民警顶狂风、冒飞雪，几年如一日地战斗在维稳工作第一线，牢牢守住了西藏的"北大门"，为西藏的长治久安作出了突出贡献。

旺加始终牢记为人民服务的宗旨。有高原反应的游客来到检查站寻求帮助时，他总是第一个冲上前，倒水、找药、递氧气。2014 年 8 月的一个深夜，一辆进藏自驾车坏在路边，游客高原反应十分严重，跌跌撞撞地来到检查站求助。正在值班的旺加二话没说，将游客送往镇卫生院治疗。安顿好游客后，他又想办法把游客的车拖到镇上修理。临走时，游客拉着旺加的手，说："谢谢你，我的救命恩人，你是一个真正的好警察。"像这样被他帮助过的人，他已经记不清有多少。

王　排　英勇无畏，冲锋在打击犯罪一线

王排，陕西西安人，1979年1月生，2002年4月参加公安工作，中共党员。现任陕西省西安市公安局灞桥分局巡特警大队副大队长。曾获得"全国优秀共产党员""全国先进工作者""全国公安系统二级英雄模范"等称号，荣立个人一等功1次、三等功8次。

从警以来，王排始终冲锋在一线，全身留下多处伤痕：头部中过枪，动过手术；右耳挨过砖，差点失聪；右腹部挨过一刀，捅在肋骨上；肩胛骨被砍断过，做过肺切除手术。每一次危急时刻，他都挺身而出，给群众送出了一份实实在在的安全感，换来了辖区治安秩序的持续稳定。

面对枪口，他临危不惧。2003年9月24日，西安市灞桥区纺织城地区发生了一起持枪劫持人质的恶性案件。在此紧要关头，王排迎着枪口而上。最终，被扣押的人质全部获救，王排被送到唐都

二院的脑外科进行急救，子弹被医生从头部取了出来。

面对凶险，他毫不退缩。在王排劝解歹徒遭枪击事件一个月之后，他又再次因公负伤。在一起大规模群体性事件中，灞桥分局紧急抽调警力前往现场维持秩序。王排听说后，不顾领导的劝阻和自己刚受枪伤后还没有痊愈的现状，立即赶赴单位，与同事们一道赶往现场维持秩序。突然一块砖头飞来，他的耳部被打穿孔，鲜血淋漓，但他受伤不下火线，坚持工作，直到任务结束。

面对邪恶，他主动出击。2012 年 11 月 13 日，王排带队对正在进行假车牌交易的犯罪嫌疑人实施抓捕。在他将犯罪嫌疑人按倒准备戴手铐时，突然冲出来四五个人。这时，犯罪嫌疑人拿着一把匕首刺进了他的腹部，共戳了王排三刀。经医院诊断，他的肩胛骨被砍断，刀伤伤及肺部，造成气血胸。在医院急救室里，医生切除了他将近五分之一的肺，把王排从死神手中又一次拉了回来。

如今，王排依然在一线岗位上坚守着、奔忙着。无论是新冠肺炎疫情常态化防控，还是重要安保任务，王排始终坚用一腔热血书写着对党忠诚、服务人民的答卷。

李生寿　24年坚守大漠"窑洞"派出所

　　李生寿，甘肃敦煌人，1962年7月生，1998年3月参加公安工作，中共党员。甘肃省敦煌市公安局雅丹国家地质公园景区治安派出所所长兼雅丹公安检查站原站长。曾获得"全国公安系统二级英雄模范""全国最美基层民警"等称号，荣立个人二等功1次、三等功3次。

　　1998年初，李生寿从部队转业参加公安工作。在大漠戈壁，深山僻谷，从组建红十井派出所、方山口派出所、雅丹派出所，再到组建成立雅丹公安检查站，他带领所内民警动手开挖窑洞，在没有水和电的情况下，撑着油灯、喝着咸水、睡在帐篷。就这样，日复一日、年复一年，坚持不懈，开挖不止。

　　在窑洞整体工程即将完工时，由于基础不牢固，门楼整体崩塌，李生寿被压在了土层下面。当身边的战友把他挖出来时，他已经处于昏迷状态。战友们为李生寿做了复苏抢救。清醒过来后，他活动活动手脚，发现身体没有大碍，又带领大家接着干。就这样，硬是在坚如磐石的雅丹体上开凿出了最具特色的窑洞派出所。

他从警24年，一直坚守在距市区280公里外的戈壁腹地。他常年与大山为伴，与长风同舞，和大漠并肩，遥望着敦煌莫高窟飞天，聆听着鸣沙山月牙泉的驼铃，把人生中最火红的青春、最美好的年华、最灿烂的笑容奉献给了镇守敦煌的边关事业，看护着甘肃的西北门户。

雅丹公安检查站成立8年来，在李生寿的带领下，该站全体民警克服春秋风沙大、夏天天气炎热、冬季漫长寒冷的特殊地理条件，坚持逢车必查、逢人必查、逢物必查，以让人民满意、让组织放心的决心和信心，扎紧了维护安全稳定的"铁篱笆"，矗立起一座丹心为国、忠诚为民的"沙漠灯塔"。

赵新录 守卫可可西里的生态卫士

赵新录，青海乐都人，1975年4月生，1996年12月参加公安工作，中共党员。现为青海省公安厅森林（国家公园）警察总队可可西里森林公安局三级高级警长。曾获得"全国先进工作者""全国野生动物保护专项行动先进个人"等称号，荣立个人三等功1次。

可可西里是世界上除南北极之外最大的一片无人区，年均气温为零下10摄氏度至4.1摄氏度，最低气温为零下46.2摄氏度。平均海拔在4800米以上，空气含氧量不足平原地区一半。

就是在这样的地方，赵新录和他的战友们风餐露宿，卧冰尝雪，用生命守护生命、守护生态。

1996年12月，退伍后的赵新录成为可可西里自然保护区的森林警察。从此，他的人生便与这片无人区紧紧联结在一起。

20世纪八九十年代，"软黄金"藏羚羊绒声名大噪，贪婪的"淘金者"涌入可可西里。暴利之下，藏羚羊数量从20多万只一度锐减至不足2万只。26年里，他和战友们抗高寒缺氧、斗"盗采盗猎"分子，行程80余万公里，巡山500多次；组织破获多起特大盗猎案件和非法运输、买卖藏羚羊皮等野生动物产品案件，收缴716张藏羚羊皮；参与破获多起盗猎、非法捕捉、倒卖和运输藏羚羊等珍稀野生动物及其产品案件，抓获犯罪嫌疑人和违法人员354人。

光荣岁月磨砺剑胆琴心。在天寒地冻、风雪弥漫的荒漠，在步步泥淖、处处河流的湿地，在保护生态环境、拯救濒危动物的前沿，在卓乃湖藏羚羊保护现场，赵新录留下了一个又一个坚实的足迹。如今，可可西里藏羚羊种群数量从不足2万只恢复至7万多只，有近百名巡山队员远离家人，扎根三江源国家公园，保护可可西里的万物生灵。

"作为可可西里一名森林公安，守护着这片山水和生灵，不求轰轰烈烈，但愿万物生灵安好。"赵新录说。

高原的大山长河锤炼了他坚忍不拔的个性，滋养了他默默奉献的心灵、不怕艰难险阻和流血牺牲的英雄气概。

刘　谊　群众眼里的"好闺女"

刘谊，陕西靖边人，1977年1月生，2004年12月参加公安工作，中共党员。现为宁夏回族自治区银川市兴庆区公安分局玉皇阁北街派出所二级警长。曾获得"全国公安系统二级英雄模范""宁夏回族自治区先进工作者"等称号，荣立个人二等功1次、三等功3次。

从警18年来，刘谊始终立足基层，扎根社区，践行着新时代公安队伍的使命任务，不断谱写为民服务的新篇章。她将辖区行业场所多、流动人口多、老旧小区多的"三多"地区，治安热点、难点、乱点聚集的"三点"地区，打造成了宁夏社区警务的"亮点工程"。

刘谊创新"三点一中心"警务新模式，创建全区第一家妇女儿童维权警务站，联合专业团队，打造"妇儿服务智囊团"，为辖区妇儿撑起"一片天"；打造"无护栏"小区，创新"青山三结合四机制"反诈工作法，在反诈持久战中取得不凡成绩；推动辖区各族人民守望相助，携手奋进，铸牢中华民族共同体意识，缔造"青山民族团结进步和谐"之花；独创"五步"治安管理法，实现47个老旧小区从无人管到零发案；创新"互联网＋身边人"化解机制，实现矛盾纠纷"菜单式"调处模式。

与此同时，刘谊发动群众，先后成立12支、500余人的"兴庆义警"群防队伍。5年来，辖区刑事案件下降63％，没有发生一起"两抢"案件。辖区实现了零"民转刑"案件，零安全事故，零邪教社区。多年来，刘谊共成功参与化解纠纷439起，调处率达到98.3％，办理各类案件158起，罚款金额30180元，服务、救助困难人群548人次，收集上报各类情报线索216条。

刘谊时刻把辖区居民的安危冷暖记挂心中，用自己的实际行动，实现了辖区由乱到治的极大转变，用一双铁脚板走进百姓心中，成为辖区群众眼里的"好闺女"。

艾热提·马木提　用生命铸就金色盾牌

艾热提·马木提，维吾尔族，新疆和田人，1969年10月生，1989年10月参加公安工作，中共党员。生前任新疆维吾尔自治区和田地区皮山县公安局党委委员、副局长。曾荣立个人二等功1次、三等功5次。被追授"全国公安系统一级英雄模范"等称号。

在新疆警史馆展厅，一尊身着警服的人民警察半身塑像让前来参观的人们肃然起敬。它纪念的是用生命守护一方安宁、牺牲在反恐一线的"人民英雄"艾热提·马木提。

"对敌人打得要狠，对人民群众爱得要真。"这是艾热提·马木提曾经常说的话。1996年，他走上科克铁热克乡派出所所长岗位后，一干就是17年，不仅对全乡25个村的分布、自然环境、道路交通等状况有周密了解，还与村民们培养了深厚的警民鱼水情。

2015年7月3日，皮山县发生6.5级地震。当天，艾热提·马木提带领民警从废墟中救出被困群众 20 余名，疏散群众 5000 多人次，抢救财物价值 10 余万元，救助牲畜 500 多只。

2016 年 9 月的一个午后，时任皮山县公安局副局长的艾热提·马木提带队抓捕藏匿于皮山县一个村庄荒地里的公安部 A 级通缉令通缉在逃人员、制爆团伙头目阿某。就在艾热提·马木提和战友把暴恐分子围堵在一处灌木丛地洞准备擒获时，走投无路的阿某突然发起自杀式袭击。

"隐蔽！"艾热提·马木提一声大喊。随着爆炸声响起，艾热提·马木提倒在地上，血流满面。虽经当地医院尽力抢救，终因伤势过重，不幸壮烈牺牲，生命定格于 47 岁。

"这不是艾热提局长第一次挡在战友前面。"科克铁热克乡派出所民警阿力木江·阿卜力米提回忆，"每当危险出现，他总是第一个进入现场中心、最靠近危险的地方。"

艾热提·马木提牺牲后，被追授"全国公安系统一级英雄模范"称号；2019 年，被授予"人民英雄"国家荣誉称号和"最美奋斗者"称号。

追随父亲的脚步，艾热提·马木提的大女儿古丽米热·艾热提大学毕业后成了一名人民警察；二女儿古丽其热·艾热提为儿子取名卡合热曼，意为"英雄"，以纪念孩子的外祖父。

那迪拜克·阿瓦孜拜克　扎根雪域高原的"帐篷哥"

那迪拜克·阿瓦孜拜克，塔吉克族，新疆喀什人，1973 年 8 月生，1997 年 4 月参加公安工作，中共党员。现为新疆维吾尔自治区喀什地区塔什库尔干塔吉克自治县公安局班迪尔派出所教导员。曾获得"全国公安系统二级英雄模范"等称号，荣立个人一等功、三等功各 1 次。

　　从小在帕米尔高原长大的那迪拜克，传承了家乡人民的勇敢坚毅。在父亲的影响下，考进新疆维吾尔自治区塔什库尔干塔吉克自治县公安局工作。2006 年，他从城镇派出所调到班迪尔派出所，后来成为派出所热布提警务室民警。

　　"一面国旗、一个人、一顶帐篷、一个工作包、一座雪山，这就是我初到热布提警务室的工作环境。"那迪拜克乐呵呵地说。班迪尔派出所热布提警务室成立之初，没有办公场地，他只好寄住在农牧民家。为了避免夜里打扰群众，主人一家睡觉后，他才悄悄进屋休息。征得领导同意后，他自己动手搭建了一顶简易棉布帐篷，当作临时办公场地。因连续 16 个月吃住在帐篷，当地群众亲切地称他为"帐篷哥"。

热布提警务室辖区在风雪口，气候极其恶劣，生活条件十分艰苦。白天，那迪拜克带着协勤开展工作；夜晚巡逻时，他渴了就在雪地里抓一把雪含在嘴里，累了躺在冰冷的石头上小憩片刻。

那迪拜克十分热爱警务室工作，把工作重心放在治安防控上，在实践中逐步摸索并形成了一套符合当地实际的工作方法，推出了白天重在"看"、晚上重在"巡"、深夜重在"守"的 24 小时全天候防范模式，收到了良好的效果。尤其是针对辖区流动人口多的特点，他把流动人口登记细化到穿着打扮、个人喜好、交往圈等，在辖区内人口相对集中的地点设置了 3 处"治安情况通报栏"，定时张贴治安预警信息、告居民书等宣传内容。他还给了辖区群众一句承诺："有困难找那迪拜克，随叫随到。"在辖区老党员、老干部的支持下，先后有 4 名信息员主动要求参加那迪拜克组织的义务巡逻队。一段时间以来，辖区盗窃案件大幅度下降，村民之间的矛盾纠纷也少了。

如今，那迪拜克依然驻守在雪域高原，驻守在农牧民身边，用一颗亲民、爱民的心，默默履行着人民公安工作的神圣使命。

马国民　扎根边疆基层的"胡杨卫士"

马国民，回族，河南南阳人，1974年6月生，2008年1月参加公安工作，中共党员。现为新疆生产建设兵团第二师乌鲁克垦区公安局英苏派出所一级警长。曾获得"全国公安系统二级英雄模范""第二师铁门关市公安局优秀共产党员"等称号，荣立个人三等功1次。

马国民1994年入伍，1997年保送上军校，毕业分配到教导队，1999年代表陆军院校方队参加庆祝中华人民共和国成立50周年阅兵式。2008年1月转业参加公安工作，自此扎根基层13年。

"群众看公安，关键看破案。"马国民正是一个勇于亮剑的办案能手。2012年，辖区出现"神医"诈骗系列案件，先后有多名退休职工被骗，数额巨大、影响恶劣。在退休职工伍某再次被骗后，马国民迅速出警，层层分析，在时间节点上推断出犯罪嫌疑人很有可能在巴音郭楞蒙古自治州尉犁县住宿停留。

马国民在零下 20℃的环境下，驱车上百公里，饿了吃口馕，渴了喝口矿泉水，用整整两天时间，将当时尉犁县 19 家宾馆、旅社的住宿人员信息全部手工抄回。经过一个多星期的反复比对，终于发现了蛛丝马迹。最终，在河南、陕西等地将 2 男、3 女共 5 名特大"神医"系列诈骗案犯罪嫌疑人全部抓获，案件成功告破。

被骗的退休职工知道后，登门感谢马国民，让这个内敛且不善言语的人更加深刻地感受到了人民公安工作的意义。马国民用一腔热血维护了法律的尊严，用不达目的誓不罢休的"拼劲"和"韧劲"精神为辖区职工群众遮风挡雨。

从军营到警营，从橄榄绿到藏青蓝，为群众办好事 300 余件，化解矛盾纠纷 150 余起，参与刑事案件 200 余件，移送起诉 50 余人。他如同塔克拉玛干沙漠里生长的胡杨一样，与沙漠对视，与环境抗争，用忠诚履职的信念、坚定执着的付出、无私奉献的精神维护公平、守护正义，群众习惯称呼他为"胡杨卫士"。

李彩霞　潜心科研，为警铸剑

李彩霞，山西临汾人，1976年12月生，2008年8月参加公安工作，中共党员。现任公安部物证鉴定中心法庭科学创新发展研究处副处长。曾获得"全国杰出专业技术人才""有突出贡献的中青年专家""全国刑事技术特长专家"等称号，荣立个人二、三等功各1次。

十三年如一日的潜心研究，从实验室设计、仪器购置、技术方法建立到人员培训等入手，李彩霞建立了我国首个法医DNA表型特征刻画实验室，具备了法医基因组大数据检测和分析能力，通过DNA刻画人的特征确定目标范围。她带领团队研发了国内首台法医DNA快检装备。为节省时间，她经常住在单位宿舍，女儿幼儿园和小学期间的家长会她错过了很多次。

作为核心骨干，李彩霞先后参加了法医遗传学公安部重点实验室、北京市现场物证检验工程技术研究中心、现场物证溯源技术国家工程实验室的调研、申请、建设等工作，所有基地均获批，为集聚行业创新资源作出了积极贡献。她不仅注重自身能力的提升，更加注重团队人才的培养。她率先垂范、言传身教，毫无保留地传授经验，培养出一支"高精尖"的青年科研创新团队。她担任公安部物证鉴定中心博士后工作站和访问学者导师，兼任山西医科大学博士研究生导师、中国人民公安大学硕士研究生导师，已培养博士后1人，访问学者和进修生10名，培养毕业博士和硕士30余名。参加国内外学术报告40余次，为全国刑事技术警察传授了全新的科研和办案理念。

李彩霞恪守职业道德，学风严谨、公道正派，清正廉洁、遵守法纪，参加工作以来忠诚担当、甘于奉献，勇于创新、百折不挠，为新时代公安科技工作发展作出了突出贡献，为维护公平、坚守正义奉献了青春和力量。

张长松　忠诚履职，护航旅客平安出行

　　张长松，北京人，1978年10月生，1997年7月参加公安工作，中共党员。现任首都机场公安局北京首都国际机场西航站区派出所副所长。曾获得"全国特级优秀人民警察""全国民航优秀共产党员""民航系统抗击新冠肺炎疫情优秀共产党员"等称号，荣立个人三等功1次。

　　头顶警徽、肩扛使命，首都机场公安局北京首都国际机场西航站区派出所副所长张长松扎根一线25年，面对旅客求助，他竭尽全力解民忧；面对违法犯罪，他重拳出击守安全。25年来，他参与破获案事件3000余起，救助各类旅客近万人。

　　为了提高遗失物品的找回率，首都机场西区派出所实施了"完璧行动"。作为"完璧行动"的发起者之一，张长松总结归纳经验并不断探索创新，通过与同事们的共同努力，辖区的遗失物品找回率得到了大幅提升。

　　"巡逻无死角，防控无界限，隐患早查处，细节保安全。"这是张长松经常挂在嘴边的话。他结合辖区实际，创新实施了警民结合、打防结合等"四结合"巡控模式。25 年来，他用脚步丈量首都机场的每一个角落。正是这份"细微之处见真章"的执着，让他破获了一起又一起疑难案件。

　　"遇事不退缩"是同事对张长松的一致评价。2020 年初，面对突如其来的新冠肺炎疫情，有着抗击非典经验的他带头冲锋，战斗在疫情防控第一线。随着北京首都国际机场 T3 航站楼 D 区境外疫情处置专区设立，张长松再次主动请缨，扎根转运现场，护航归国游子的"回家之路"。

　　经历过"双奥"的张长松，被同事亲切地称为"奥运'站'神"。北京冬奥会期间，张长松作为派出所主管冬奥相关警务工作的副所长，更是忙得停不下来。他的身影出现在每一个工作现场，出现在每一次夜班值守岗位。严寒里，他伫立在空港的夜色中，用坚守护航平安。

周荣亮　忠诚守护，为国家名片增光添彩

周荣亮，上海人，1984年11月生，2005年8月参加公安工作，中共党员。现任上海铁路公安局上海公安处虹桥站派出所副所长。曾获得"全国公安系统二级英雄模范""全国优秀人民民警"等称号，荣立个人一等功1次、二等功1次、三等功10次。

上海虹桥站是全国最繁忙的火车站之一，也是展示中国"高铁名片"的重要窗口。对周荣亮和他的战友们来说，工作在这里的每一天，都像在为重大安保活动做预演，不能出现丝毫差错。

为了让旅客感受到铁警真心为民的温度，他从"枫桥经验"中汲取智慧，积极探索高铁客站治安管理新模式，建立"跨区执法机制"，打造路地共建矩阵，组建"治安朋友圈"，倾心守护广大旅客的出行安全。

2019年，周荣亮牵头成立了一支由安检员、客运员、保洁员、

店员等组成的虹桥义警队，全天候守护在车站各个角落，协助民警开展工作。为了让虹桥义警队更好地发挥作用，他还建立了义警队工作群"虹桥义警一号群""虹桥义警二号群"，标注义警负责的楼层，每天提前布置巡逻义警力量，实现精细化管理。

如今，这支义警队伍已经发展了 160 名群众，成为虹桥站派出所与车站、地方公安、商户等深化联动协作，参与基层社会治理的"金字招牌"。

如今，虹桥站日均报警保持在个位数，有时甚至为零。为及时调处解决旅客之间的矛盾，周荣亮牵头设立"虹桥老娘舅"调解室，让怒气冲冲的双方短时间内就能握手言和。

工作期间，周荣亮坚持步巡。他认为这样更能掌握车站每一个角落的情况。遇到有需要帮助的旅客，多问一句、多帮一把，用真心真情搭建起忠诚为民的彩虹桥。

查中永　绖毒一线的亮剑勇士

查中永，贵州盘州人，1978年6月生，2002年7月参加公安工作，中共党员。现任云南出入境边防检查总站西双版纳边境管理支队边境管理处副处长。曾获得"全国公安系统二级英雄模范""十大国门卫士"等称号，荣立个人一等功2次、二等功2次、三等功4次。

44年人生沉淀，他赤胆忠诚，一心向党；20年从警之路，他扎根边疆、无私无畏；13年绖毒生涯，他行走刀尖、生死卧底。出于工作保密要求，他不能露出真容；在大部分的时间里，他只能将警服穿在心里。他就是云南出入境边防检查总站西双版纳边境管理支队边境管理处副处长查中永。

从布朗山边防派出所到勐海边防大队侦查队工作期间，他怀着强烈的使命感，凭借在派出所工作中锤炼的扎实群众工作基础，获取涉毒线索142条，参与侦破毒品案件226起，抓获犯罪嫌疑人

132 人，缴获各类毒品 630.74 公斤，渐渐在西双版纳缉毒战线崭露头角。

2016 年，查中永被任命为西双版纳边防支队司令部副参谋长，分管情报侦查工作。他把对党的忠诚潜移默化到艰险的禁毒工作中，指导基层情报站、侦查队累计办理毒品案件 232 起，缴获各类毒品 2.181 吨，抓获犯罪嫌疑人 174 名。

2019 年，查中永作为分管禁毒工作的主要业务领导，始终坚持队伍建设与发展业务两手抓的工作思路。在新冠肺炎疫情防控严峻形势下，查中永主动请缨，带领执法调查队常驻勐海片区，开展流动查缉和设伏堵卡，带队并指挥执法调查队查获毒品案件 89 起，抓获犯罪嫌疑人 71 个，缴获毒品 828.98 公斤……一组组厚重的数据、一枚枚辉耀的勋章背后，是一招招生死攸关的搏杀，是一场场惊心动魄的战斗。

"护卫边陲的团结氛围，打击毒品的忠诚担当，支队的支持永远是我的精神动力。"谈起未来的工作，查中永说，每缴获一克毒品、打掉一个团伙，社会就多一份安宁，禁毒也是为人民服务，必须进行到底。

索朗达杰　雪域高原上的国门守护者

　　索朗达杰，藏族，西藏拉萨人，1985年1月生，2009年6月参加公安工作，中共党员。现任西藏出入境边防检查总站山南边境管理支队浪卡子边境管理大队副大队长。曾获得"全国公安系统二级英雄模范""十大国门卫士"等称号，荣立个人一等功1次、三等功2次。

　　普玛江塘，藏语意为"世界之巅"，位于喜马拉雅山北麓，南与不丹接壤，每年冬季时间长达9个月。普玛江塘边境派出所也因地处海拔5373米的高度，被称为全国海拔最高的派出所。

　　2016年，已经在海拔4000米以上的边境地区坚守10多年的索朗达杰，主动申请来到这里工作。

　　空气中含氧量不足海平面的40%，气压只有平原地区的一半，高海拔的恶劣环境会对身体造成各种损伤，但是索朗达杰说："在生命的禁区里工作，更能感受到我们的价值。"

　　为构建和谐边境，索朗达杰牵头组织成立了派出所边境巡逻队伍。他带领队伍踏冰涉雪巡逻边境线，先后组织救援 200 余起，曾连续奋战 72 小时开展救援工作，累计徒步行程达 700 余公里，解救被困游客 500 余人，车辆 200 余台，搜寻辖区失踪群众 14 人。

　　驻守雪域边关的索朗达杰经常入户走访宣传党的政策、法律知识，扶助贫困家庭，帮助边境地区的群众解决困难，用实际行动践行着一名移民管理警察的初心和使命。

　　如今，由于工作需要，山南边境管理支队将他调到海拔相对较低的浪卡子边境管理大队任职。虽然离开了普玛江塘，但索朗达杰依然用各种方式，将普玛江塘边境派出所的精神根植于全大队民警内心深处。他每年都会定期组织浪卡子边境管理大队的民警赶往普玛江塘，与当地派出所民警一起去冰川巡逻，感受祖国边境的神圣和辽阔，坚定守卫祖国边境安全和稳定、守护边民安宁的决心。

国家安全系统

（25名，略）

司法行政系统

（*30* 名）

陈熹微　罪犯新生路上的启蒙老师

陈熹微，北京人，1981 年 8 月生，2000 年 7 月参加司法行政工作，中共党员。现任北京市女子监狱九监区党支部书记、监区长。曾获得"新时代最美法律服务人"、第十届北京市"人民满意的政法干警"暨"首都政法先锋"等称号，荣立个人三等功 6 次。

"我们是罪犯入监后面对的第一位老师，我们的执法工作就是监狱工作的第一张名片。"陈熹微常说，为了亮好这张名片，监区不断完善罪犯入监收押流程、健全罪犯分类评估体系、统一民警执法动作、规范使用法言法语。她带领监区民警拟定《新入监罪犯管理教育流程细则》《入监警示语》《评估手册》等入监教育模板，实施"三步走"模式，达到流程与行为的高效化。

陈熹微认为，"教育就像种一棵小树苗，从一开始就要种直。如果不种直，以后就会长成歪脖树"。为此，她把"规矩"二字作为队伍建设的灵魂。

　　罪犯汪某入监时只有 19 岁，因参与抢劫而入狱。刚入监的她，对生活失去信心，甚至产生了轻生的想法。陈熹微就安排民警轮流与其谈心，为她规划未来生活，帮她找到人生方向。结合汪某喜爱绘画的特点，为其量身定制了"秘密花园"涂色减压法。从一开始的用色灰暗、涂出边框，到后来的色彩鲜艳、画面整洁，慢慢地，汪某找回了自信，不仅常在监区主持活动，还加入监狱的民乐队，并通过了全国高等教育自学考试，取得了本科学历。出监后，她成为一名婚庆司仪，从一名对社会构成危害的罪犯，变成了给别人带去喜悦的幸福使者。

　　曾经在九监区服刑的罪犯，有的出监后成了为病患服务的医导员，有的成为拾金不昧的优秀员工，也有的成为业绩出色的公司经理。她们是陈熹微所带领的九监区民警工作价值的最好体现。

　　陈熹微所带领的北京市女子监狱九监区，是集入监教育和集训惩教功能为一体的特色改造功能区，监区先后获得"北京市三八红旗集体"、北京市监狱管理局"青年文明号"等称号。

于军红　医务工作没有大墙内外之分

于军红，河北黄骅人，1973年9月生，2006年1月参加司法行政工作，中共党员。现任天津市滨海监狱医院院长、一级警长。曾获得"司法部队伍教育整顿先进典型""全国抗击新冠肺炎疫情先进个人"等称号。

2006年，经过笔试和面试，33岁的于军红考入了天津市滨海监狱，成为该监狱医院的一名警察医生。

面对监狱罪犯，他既是执法者，又是行医者，二者如何融合，成为摆在于军红面前的第一道门槛。"作为执法者，我要严格落实监狱相关规定，尽职尽责筑牢监管安全防线；作为行医者，我要秉持'以人为本、医者仁心'的理念，尽心尽力救治每一位病人。"16年的工作积累让于军红体会深刻。

2020年初，新冠肺炎疫情肆虐武汉。得知征调医务人员援助湖北的通知后，于军红第一时间向滨海监狱党委递交"请战书"。

考虑到于军红刚刚完成上一轮封闭执勤任务，身体还未得到有效调整，监狱党委准备另派备勤医生前往。"论职务，我是医院的负责人之一；论业务，我更不差；最重要的，我是一名共产党员。这个时候，我不上，谁上？"于军红的"请战"感动了监狱领导，被批准奔赴武汉。

防护服穿戴不便就两人配合，护目镜雾化就涂抹碘氟；工作时少吃或不吃，日常穿着成人纸尿裤；平时多做呼吸性训练……苦中有乐，于军红与其他医护人员快速适应工作环境，诊治效率得到逐步提升。已获得"全国抗击新冠肺炎疫情先进个人"的于军红，回想起那段难忘的经历时，眼眶依然泛红，说："作为天津监狱人民警察队伍中的普通一员，能够参与战'疫'并获得荣誉，我感到无比光荣。"

在封闭执勤期间，于军红的办公桌上总是摆放着《实用内科学》《心脏内科主治医生400问》《阜外心电图图谱》等诸多专业书籍。他知道，只有日积月累，才能不断提升自己的理论水平与专业技能，面对病人才能做到对症下药，治病救人。他认为，医务工作关乎人的生命健康，没有大墙内外之分，来不得半点马虎。

疫情期间，于军红带领同事严格落实监狱疫情防控规定，宣传疫情防控相关知识，引导大家增强自我保护意识与应对能力，消除恐慌心理；组织专人对监狱场所进行消杀，全面阻断病毒传播途径；加强监狱重点时段、重点区域和关键部位的管理，为防范"输入性"风险筑牢了监狱安全屏障。

赵　媛　用爱照亮戒毒人群回家之路

赵媛，河北邯郸人，1982年7月生，2001年10月参加司法行政工作，中共党员。现任河北省女子强制隔离戒毒所一大队支部书记、大队长。曾获得"全国司法行政戒毒工作先进个人""河北省先进工作者""河北省最美政法干警"等称号，荣立个人二等功2次、三等功1次。

2013年4月，赵媛所在单位作为试点，职能向戒毒工作转型。作为一大队的支部书记、主持全面工作的副大队长，她二话没说，毅然承担了这项艰巨任务。

据统计，河北省女子强制隔离戒毒所收治的吸毒人员身体条件复杂，梅毒、肝炎、结核病发病率分别为34%、19.8%、2%，干警时刻面临职业暴露风险。面对这种情况，赵媛坚定地对大家说："收治戒毒人员是所领导交给我们的光荣任务，更是一项重要的政治任务。我们要以舍我其谁的担当精神投入这一全新的工作，高质量完成试点工作，交出圆满的答卷。"

赵媛是这样说的，更是这样做的。她充分发挥党支部的战斗堡垒作用和全体党员的先锋模范作用，发动大队干警加班加点，认真学习禁戒毒法律法规和理论知识，研究拟定管理、教育和戒治细则，到国内先进戒毒所学习借鉴戒毒管理经验，制定相应规章制度，为大队顺利收治戒毒人员做足准备。

在戒毒工作实践中，赵媛大力推进科学化专业化戒毒，综合运用个别教育、心理矫治、医疗戒治、康复训练等多种措施，提升戒毒管理水平。她在全队推行"三省六做"戒毒工作法，组织戒毒人员每日早晨诵读经典诗词，晚上点评前三省其身，运用传统文化的教化作用感染戒毒人员，不断提升自控能力。

赵媛注重探索戒毒工作向社会化延伸路径，动员大队干警参加河北省女子强制隔离所创办的"闪耀的桔灯"禁毒公益演讲活动，组织大队民警深入校园，开展以"让青春远离毒品"为主题的系列活动，大力开展禁戒毒宣传，受众已达数千人。

魏官元　为民解忧，赢得群众信赖

　　魏官元，山西大同人，1971 年 3 月生，1996 年 5 月参加司法行政工作，中共党员。现任山西省大同市新荣区司法局西村司法所长、西村乡人民调解委员会主任。曾获得"全国模范人民调解员""全国司法行政系统先进工作者""全国模范司法所长"等称号。

　　1996 年从事基层司法行政工作以来，魏官元扎根基层、情系群众、开拓奉献，在平凡岗位上诠释着一个共产党员的担当和情怀。

　　山西省大同市西村乡碓臼沟村赵某 10 岁的儿子在没有警示牌的井里玩水溺亡，精神几近崩溃的赵某要与私挖水井的张某和王某拼命，稍有不慎就会酿成命案。魏官元一天里在两个村之间奔波了九趟，饭也顾不上吃，调解成功后，拖着疲惫的身子，骑着摩托车，回到司法所已将近凌晨三点，这就是他调解纠纷的寻常一天。

　　纠纷发生具有不特定性，他公开承诺 24 小时服务。多年来，几乎没过上一个完整的休息日，25 年来累计调解成功 2100 余件纠纷，调解成功率达 99.8%，参与并成功调解了几乎所有影响全区稳定的重大疑难可调性信访纠纷，为社会和谐稳定作出了应有贡献。

魏官元开办的"老魏法治民情夜校"，在各村巡回举办。一次，"夜校"在鸡窝涧村举办时，村民贾某咨询："我喉部做了个结节手术后，出现声音嘶哑，医生说慢慢就好了，结果，一年半了也没有好，我想是手术给我做坏了，医院应该赔偿我。"魏官元问他，打算让医院赔偿多少？他说，最少要 5 万元。魏官元告诉他，赔不赔关键看医院有没有过错。为此，魏官元帮贾某咨询了多位专家。专家们认为，应属于喉返神经损伤，医院负全责。于是，魏官元积极与医院沟通，进行调解。最终，医院赔偿了 16 万元。贾某非常激动，逢人就说："估计医院不一定赔，没想到医院不但赔偿了，而且赔偿数额远高自己的预期，多亏了老魏。"

魏官元常年面对面服务群众，群众遇事愿意向他倾诉，他也及时将群众意愿向党委政府反映，从源头上减少矛盾纠纷的发生，在政府与群众之间架起了一座"连心桥"。

李延军　献身监狱事业是我的荣光

　　李延军，山西临汾人，1980 年 4 月生，2003 年 12 月参加司法行政工作，中共党员。现任山西省临汾监狱副监狱长。曾获得"全国先进工作者""全国监狱劳教工作先进个人""山西省劳动模范"等称号，荣获山西省五一劳动奖章，荣立个人二等功 1 次、三等功 2 次。

　　人生最大的考验莫过于生死考验。参加工作以来，在李延军监狱民警生涯中就有过这样的经历。2007 年 11 月 11 日，2 个身材健壮的罪犯在向李延军汇报思想时借机靠近，突然发起袭击，血从他的脸上流了下来。在生死考验面前，他凭借着坚强的毅力，与罪犯顽强搏斗，成功制止了 2 个罪犯越狱的企图。袭警案的发生，给李延军的身体造成了巨大的伤害，但他没有因此而退缩。伤愈后，他主动向组织提出请求，要重返监区一线。他说，我在那里遭遇生死考验，但我依然无怨无悔，那里见证了我一个个用心转化罪犯的成功实践，能够投身监狱事业是我的荣光。

多年来，李延军对罪犯家访 200 余人次。面对形形色色的罪犯，李延军从不千篇一律地展开教育改造工作。他说，改造罪犯要善于找到开启他们心门的"钥匙"，才能收到意想不到的效果。

罪犯田某因与邻居产生纠纷，兄弟 4 人失手将对方打死。服刑期间，田某情绪波动很大。原来，田某服刑至今，家人一次也没来探望，因担心家人近况，他浑浑噩噩，精神恍惚。

李延军请示监狱领导后，决定前往田某的老家确认有关情况。在太行山深处一个偏僻的小山村，他见到了田某的父母。其父因为 4 个儿子全部入狱，一气之下瘫痪在床，其母则靠种地艰难维持家中生活。他们不是不愿去探监，实在是凑不足路费。

见此，李延军将身上所有的钱留给了田某家人。返回监狱，他在领导的支持下迅速启动"监狱帮教直通车"。一场帮助田某与家人狱内团聚的亲情帮教活动拉开帷幕。

活动现场，当田某看到母亲的身影，立即冲上去下跪，抱着母亲的双腿，泣不成声。这一跪，有对母亲的无尽忏悔，更有对李延军助其团圆的深深感激。

现在的田某不仅自己带头积极改造，还经常以亲身体验教育其他罪犯。李延军"感化一个，教育一批"的改造理念，在高墙内不断开花结果。

这样的故事还有很多。成为光荣的监狱人民警察后，李延军一心扑在工作上，及时发现问题，消除隐患，为确保监狱的安全与稳定不断贡献着自己的力量。

李建国　以实际行动彰显共产党员使命担当

李建国，满族，河北沧县人，1969年5月生，1992年7月参加司法行政工作，中共党员。现任辽宁省监狱局指挥中心主任。曾获得"全国司法行政系统先进工作者""全国监狱劳教系统先进个人""辽宁省劳动模范"等称号，荣立个人一等功1次、二等功2次、三等功5次。

他从基层干起，30年经历辽宁省监狱系统多个岗位，2013年被调入铁岭传染病监狱担任副监狱长。为树立病犯积极改造的信心，他和艾滋病犯拥抱、与结核病犯谈心谈话，吃住在单位，一干就是6年。他就是辽宁省监狱局指挥中心主任李建国。

辽宁省监狱局指挥中心是全省监狱的中枢机构，是监狱局党委实施精准指挥、合理部署调度的抓手，也是当前全力建设"智慧监狱"的"大脑"，承担着对全省监狱监管改造秩序的动态监管、对突发事件的应急处置等重要职能。

2019 年初，李建国调到省局指挥中心后，建立健全了指挥中心"五个机制"，形成了辽宁省监狱系统"大指挥、硬合成"的工作体系，构建了跨部门合成作战工作模式。一系列大胆创新的务实举措显著提升了全省监狱管理水平和应急处突能力。

由于各类工程改造项目所涉及的资金投入巨大，个别参加招投标的厂商企图用"给好处"等非法手段获得工程项目。面对个别厂商利益诱惑，李建国不客气地说："监狱就像我的家，你见过给家里买东西还要拿好处的吗？想拿到合同，就靠先进技术说话，靠性价比说话。"不仅如此，作为大连监狱警官培训基地的客座讲师，李建国将他每次的讲课费和每次个人立功受奖的奖金全部捐献给基层监狱，用于激励民警和改造罪犯，现已捐赠 6 万余元。

从警 30 年，李建国用忠诚坚守和无私奉献践行着对党的忠诚和对监狱事业的热爱，彰显出一名共产党员的初心使命和责任担当。

张　彪　只要在岗一天，就要尽责一日

　　张彪，辽宁锦州人，1963年9月生，1984年12月参加司法行政工作，中共党员。现任辽宁省阜新蒙古族自治县司法局副局长。曾获得"全国最美公务员""全国十大法治人物""全国法律援助工作先进个人""辽宁省人民满意的公务员"等称号，荣立个人三等功3次。

　　参加工作以来，辽宁省阜新蒙古族自治县司法局副局长张彪始终扎根基层，践行司法为民理念，坚守公平正义，累计办理法律援助案件9000余件，受援人数1万余人；处理信访案件3800多件，接待当事人3万余人次；调处各类民事纠纷2000余件，调解率高达99%；为各类弱势群体追回被拖欠的工资、补偿款、赔偿金3000余万元。

　　2018年4月，国家重点项目"京沈客专"工程回填施工中，遭遇200余人阻工。阜新段延误一天，就会影响整个工程施工。张彪第一时间赶到现场，讲解政策法律，耐心说服教育，尽快疏散阻工村民。仅用 3 天时间，梳理出群众合理诉求 13 条，用一周时间逐一解决，保障了群众合法权益，确保了工程顺利实施，避免了上亿元经济损失。

张彪是有名的"工作狂"。在同事和家人的眼中，他永远是最忙、最累，也是最不知疲倦的人。他舍小家、顾大家，对别人有一颗火热的心，但对自己的家人亏欠太多。

张彪常说："只要在岗一天，就要尽责一日；只要我努力工作，就能帮助一个人，甚至挽救一个家庭。"长期以来，他主动放弃 500 多个休息日，跑遍了全县 36 个乡镇、383 个村屯，累计行程 30 多万公里。

薛玉娟　女子监狱里的铿锵玫瑰

薛玉娟，河南新蔡人，1975年8月生，1997年7月参加司法行政工作，中共党员。现任黑龙江省女子监狱党委委员、副监狱长。曾获得"全国抗击新冠肺炎疫情先进个人""黑龙江省直监狱系统优秀共产党员"等称号，荣立个人二等功1次、三等功3次。

2020年初，新冠肺炎疫情暴发。薛玉娟义无反顾地带队驰援汉口监狱。援鄂归来，她调任黑龙江省女子监狱，担任分管监管改造工作的副监狱长。

"她的业务能力很强，工作严谨有计划。"女子监狱狱政科副科长邱艳这样评价薛玉娟。

为尽快熟悉监区罪犯的情况，薛玉娟从阅卷入手，一有时间就查看罪犯的档案，对上百个重点犯、顽危犯的情况熟记于心。一年多时间里，薛玉娟查阅了1500多本罪犯档案。

　　阅读案卷掌握的信息，成为薛玉娟因人施策开展改造工作的利器。仅仅一年多时间，薛玉娟就有针对性地和罪犯谈话 300 余次。

　　陈某因抢劫罪入监，服刑十多年，关禁闭十余次，其间还因袭警加过刑，一直抗拒改造。薛玉娟深入了解情况后，多次找陈某谈话。得知陈某有画画的爱好后，她让其加入罪犯兴趣小组。通过薛玉娟的一系列努力，陈某终于开始安心接受改造。

　　作为副监狱长，薛玉娟常说："只有解决好民警的困难和问题，才能让大家安心投入工作。"

　　薛玉娟是这么说的，也是这么做的。谈起民警们的夫妻感情、子女教育、父母身体情况等，她都如数家珍。民警思想有波动，她随时化解；家庭有困难，她及时伸出援手。

　　对待民警如春风般的温暖，对待自己从来都是高标准严要求并以身作则。她的同事观察到一个细节，在黑龙江省女子监狱，非特殊情况下，早上第一个到单位的是她，下班最后一个离开的是她。

　　"她把自己当成了铁人。"民警们说，"这个小细节折射出她爱岗敬业、无私奉献的精神。她是我们女子监狱里的铿锵玫瑰。"

周　盟　"火眼金睛"守护平安

　　周盟，安徽枞阳人，1979年5月生，1998年8月参加司法行政工作，中共党员。现任上海市南汇监狱党委委员、副监狱长。曾获得"全国先进工作者""全国监狱劳教工作先进个人""第七届上海十大平安英雄""上海市司法行政工作先进个人"等称号，荣立个人三等功1次。

　　在走上监狱领导岗位之前，周盟曾担任狱政管理科（狱内侦查科）党支部书记、科长。多年以来，他带领同事们开展深挖犯罪线索，面对一些身负余罪、脑有线索的形形色色罪犯，在没有案发现场第一手资料、没有被害人指控的情形下，通过一次次谈话攻心、一次次专案研判，捕捉罪犯飘忽躲闪的眼神，查找罪犯档案中的蛛丝马迹，挖掘犯罪线索。不仅是排除狱内深藏的定时炸弹，维护监狱安全稳定，更是将不法之徒绳之以法，为社会铲除毒瘤，从而彰显"天网恢恢，疏而不漏"的法治公正。

周盟带队通过深入排摸重点罪犯，向公安机关提供犯罪线索 3200 余条，破获各类案件 300 余起，其中精品案例 5 起，突出案例 10 余起。在他们的共同努力下，多起命案悬案水落石出，几百个漏网之徒被缉拿归案，为社会的平安稳定作出了应有贡献。

周盟在工作中率先垂范，带领深挖团队民警不断学习法律法规及刑事司法政策，研究分析深挖工作规律，指导撰写各类深挖典型个案 120 余篇，协助编写系列丛书 10 余册。他带领团队成员"走出去"，到公安机关刑侦部门进行跟班实习，勤学侦查和审讯等技能；举办深挖工作论坛，以"头脑风暴"形式畅谈深挖工作，通过定期研讨、交流培训、挂职培养等形式不断提高民警专业水平，人人练就"火眼金睛"、成长成才。

周盟常说，每挖出一个案子，社会就会多一份安宁。监管工作前线就是火线，是必须守住的安全底线。

由于时常忙于工作，周盟对家人多有亏欠，妻子卧床休养，儿子学校开家长会，他都难以顾全。母亲病逝，他出差在外都未能见上最后一面。这些都成为他心中的遗憾，但他始终不忘从警初心，仍旧兢兢业业、"挖弹排雷"，奋战在守卫社会公平正义的第一线。

高　变　医病医心的平安使者

　　高变，河南新郑人，1975年6月生，1999年10月参加司法行政工作，中共党员。现任江苏省新康监狱（省监狱管理局中心医院）内科党支部书记、副主任医师，四级高级警长。曾获得"江苏省优秀共产党员""江苏省先进工作者"等称号，荣立个人二等功1次、三等功3次。

　　1999年10月，大学毕业后的高变从河南来到江苏监狱系统，成为一名医生。自此22年，高变扎根一线，从未"挪窝"。至今，已成功改造、治愈病犯800多例，无1例医疗纠纷。

　　高变所在的新康监狱，承担着全省监狱艾滋病、肺结核等传染病犯、重病和大病罪犯的改造治疗工作。2019年8月17日晚，艾滋病罪犯古某突然情绪失控，要求见当时担任监区长的高变。接到值班民警电话，高变当即放下饭碗赶回监区。见到古某后，高变用手轻轻拍着她的肩膀。古某当场愣住，因为自感染艾滋病后，从未有人这样对待她。从晚上 7 点开始耐心地进行谈话教育，高变一直鼓励启发古某，逐渐软化其心理防线。

工作至今，无论监区有罪犯需要治疗，还是监区病犯有难题需处理，只要电话一到，她总能第一时间赶到现场。在她的带领下，全体内科医务人员团结一心，收治从社会医院转入的病犯 39 人次，其中重症 12 人次，病区实现全省监狱单位重症病犯收治的全覆盖。

2020 年 2 月 14 日，接到驰援武汉的通知后，高变第一时间递交了"请战书"。经过组织挑选，江苏监狱系统共 11 人驰援武汉，因业务能力出色，高变被任命为江苏监狱援鄂医疗队副领队、医疗组组长。在援鄂的 56 个日日夜夜里，高变写下了 27 篇战"疫"日记，诉说着身为监狱医护工作者逆行而上的一路坚守。在高变和战友们的共同努力下，所有病患全部康复出院，实现了"打胜仗、零感染"的目标，圆满完成援鄂医疗任务。

千磨万击还坚劲，任尔东西南北风。"对于病犯来说，我们是医生，也是监狱警察，不仅要医身还得医心。"高变凭着这股子韧性，用实际行动践行着"执法保安全、医疗救生命、教育促新生"的工作格言，将随时可能发生的风险抛在脑后，带领着团队用心用情将罪犯引向新生之路，用日复一日的辛勤付出为平安建设、法治建设加油助力。

陈　军　用赤诚擦亮胸前警徽

　　陈军，浙江乐清人，1971年7月生，1992年8月参加司法行政工作，中共党员。现任浙江省女子监狱五监区党支部书记、政治教导员，四级高级警长。曾获得"全国监狱工作先进个人""浙江省担当作为好支书""浙江省属监狱系统优秀党务工作者"等称号。

　　从警30年，陈军深深扎根监管改造罪犯一线，从一名普通民警到临危受命跨分监区担任主要负责人，再到如今的党支部书记、教导员。她是民警眼中的"贴心姐姐"、罪犯眼中的"修心导师"。

　　为探索一条促进女性罪犯身心健康的新路子，陈军努力克服时间空间局限，在一遍遍调研实践和一次次专家交流中，带领五监区团队推出独具女监特色的"修心悦动操"。

　　经过2年多跟踪测试，罪犯们通过"修心悦动操"的锻炼，各项身体机能、心理指数均向好发展。

2021年3月，"修心悦动操"获得国家版权局监制的作品登记证书。课题组撰写的项目实证论文也被《国际运动心理学杂志》录用，"修心悦动操"实效性获得国际认可。

30年来，陈军成功攻坚教育转化重点罪犯120余人，直接教育管理罪犯2600余人，对重点罪犯个别谈话教育近5万人次。她将满腔热忱投入监狱事业，成为"迷途羔羊"前行的引路人。每年，陈军都会收到罪犯的感谢信、刑满释放人员的平安信。通过陈军的不懈努力，曾经不服管教的高某重拾自信，刑满释放后组建新的幸福家庭；王某从性格极端、抗拒改造的重点罪犯转变为改造积极分子，提前回归社会，并利用在监狱所学的一技之长成功创业……一封封信件、一个个好消息都是陈军胸前一枚枚无形的军功章。

30年来，陈军用实际行动践行初心使命，用大爱唤醒迷失心灵，用赤诚擦亮胸前警徽。

张文博　坚守初心，不负监狱民警职责使命

　　张文博，安徽巢湖人，1982 年 12 月生，2006 年 10 月参加司法行政工作，中共党员。现任安徽省白湖监狱管理分局黄姑监区监区长。曾获得"全国先进工作者""全国司法行政系统先进工作者""全国监狱劳教（戒毒）工作先进个人"等称号，荣获安徽省五一劳动奖章。

　　他从警 16 年，在监区度过了 15 个春节。

　　他不断探索，创建"现场管理、康复治疗、生活照顾、思想教育"的结核病罪犯改造流程……

　　他就是安徽省白湖监狱管理分局黄姑监区监区长张文博。

　　这些年来，张文博不忘初心、牢记使命，带领民警从病犯的基本行为养成入手，从病犯着装、物品定置、内务卫生等细节抓起，给病犯立下"规矩"，同时摸索建立了"现场管理、康复治疗、生活照顾、思想教育"四步走结核病犯改造流程，科学评定每个病犯

危险等级，实行"黄、橙、红"三级预警分类管理方式，引入医院"日查房"制度，形成一整套科学化、专业化、社会化的结核病犯监管改造体系。结核病分监区改造秩序迅速得到扭转，病犯改掉了身上的坏习惯，体质普遍有了大幅提高。

"我回来的这3年一直在不断学习，一刻不忘你教导我的话，我要用最真诚的心态去面对社会，努力成为对社会有用的人。"这是刑满释放人员魏某给张文博发的一条语音消息。

魏某在服刑期间心情沮丧，甚至抵触改造，但张文博和民警们从没放弃他。他们教育他、关心他、开导他，也深深地感化了他。

参加工作16年来，经张文博改造的罪犯达2200余人，累计康复结核病犯328人。

每当看到结核病犯身体、精神得到康复，顺利回归社会时，张文博总会有一种忠诚履职带来的成就感和幸福感。每当听到刑满释放人员有了工作、结婚生子的消息时，张文博就更加理解这身藏蓝色警服所承载的职责和使命。

童　亮　让限制减刑罪犯在法治阳光照耀下重生

童亮，福建南平人，1981年10月生，2003年5月参加司法行政工作，中共党员。现任福建省建阳监狱第九监区党支部书记、监区长。曾获得"全国平安之星""全国司法行政系统先进工作者""福建省司法行政系统信息工作先进个人""福建省监狱系统优秀党务工作者"等称号。

限制减刑罪犯是新中国成立以来，除终身监禁以外，法定刑期最长的一类罪犯。2018年，童亮向党组织主动请缨，担任福建省唯一一个集中收押限制减刑罪犯的监区——福建省建阳监狱第九监区党支部书记、监区长。从此，童亮和民警们默默坚守在安全压力最大的工作一线，先后处置各类险情100余起，实现了安全无事故的优异成绩。

九监区关押着的一些罪犯存在严重心理障碍，有的还具有严重的暴力倾向，入狱之后频频违规。

很多人都问过童亮，这种人还有必要感化教育吗？怎么才能有用？怎么可能有用？

"这是职责。职责是什么？就是明知难为，也要为。"童亮总会坚定地说，法律没有判处他们死刑立即执行，而是让他们到监狱服刑，因为法律是要他们赎罪。我的职责就是让他们能够在有生之年赎罪，而不是白白再浪费一条生命。

罪犯管得住只是第一步。童亮带领民警们积极探索依法治监之路，让限制减刑罪犯在法治阳光照耀下重生。他创新"高墙枫桥经验"，摸索出"网格化＋调解员"的管理制度，成功化解矛盾纠纷268 起；实施"远程赡养父母、抚养子女"等五大类赎罪计划，鼓励罪犯在希望中改造、在改造中赎罪。

"我要争取多拿一些分，成为改造积极分子。""我要每年给家人写几封信，看几本书，培养一项兴趣爱好。"……在童亮和民警们的努力下，越来越多的限减罪犯完成从濒临"绝望"到发自内心积极改造的"蜕变"。

郑武进　永远把群众放在第一位

郑武进，福建莆田人，1963年10月生，1987年7月参加司法行政工作，中共党员。现任福建省莆田市仙游县司法局党组书记、四级调研员。曾获得"平安中国建设先进个人""全国司法行政系统一级英雄模范""福建省第四届十大法治人物"等称号。

"感谢你们公正调处了纠纷，如今我们两家也和好如初了。"不久前，当事人谢某接受仙游县司法局工作人员回访时说。

谢某邻居在两屋通水道旁栽种树木，导致水道变窄，从而引起两家邻里纠纷。接到调解纠纷诉求后，郑武进立即安排工作人员和专职调解员多次到现场调解，最终使当事双方握手言和。

近年来，为维护人民群众的合法权益，及时化解矛盾纠纷，在郑武进的推动下，仙游县司法局专门组建了应急巡回调解工作组、重大矛盾纠纷攻坚组、疑难纠纷化解专家指导组3支调解队伍，及时帮助全县乡镇人民调解委员会调处矛盾纠纷。

为让群众获得便利的法律服务，郑武进带领同事们将人民调解工作搬到网上，依托"多元化解矛盾纠纷网格化指挥""e调解""公证云在线""律师在线"及"12348"热线等平台，让司法行政工作更加高效、法律服务更加便捷。

为了满足群众对法律的需求，在郑武进带领下，仙游县司法局组建的法律顾问团定期更新法治宣讲主题，创新形式，及时把"法治讲坛"设在村镇（社区）。截至目前，累计开展"以案释法"法治宣讲活动近2000场次，接受教育群众逾20万人次。

2021年9月18日，连日奋战在战"疫"一线的他因劳累过度突发脑溢血，晕倒在工作岗位上，经全力抢救，昏迷两个多月后苏醒。"他把自己当成铁人，把群众放在第一位，为党的事业无私奉献，特别值得我们学习。"这是同事们对郑武进的评价。

孙　明　挽救灵魂的工程师

　　孙明，山东栖霞人，1975年7月生，1999年8月参加司法行政工作，中共党员。山东省青岛监狱第五监区原副监区长。2020年9月29日，在工作中突发疾病，经抢救无效，不幸离世，年仅45岁。被追授"全国司法行政系统二级英雄模范"等称号，荣立个人三等功2次。

　　毕业于天津理工学院机械设计与制造专业的孙明，毅然投身警营，成为一名监狱人民警察。有人不解地问他，你为什么不当工程师却要当监狱警察呢？孙明总是笑着说："监狱警察是挽救灵魂的工程师……"

　　刚入警时，监狱领导根据他的所学，派他去讲授罪犯数控机床技术。孙明尽职尽责，使一大批罪犯掌握了刑释后就业谋生、自食其力的一技之长。

　　在孙明的教育指导下，500多个罪犯获得了劳动岗位技能等级资格证书，100 多个罪犯在刑释前与社会企业签订了就业意向书，刑释后成为技术骨干，实现了由服刑的"罪人"到技术"能人""社会有用之人"的"蜕变"，彻底改变了人生轨迹。

从一名普通监狱民警到山东青岛监狱第五监区副监区长，孙明任劳任怨，忘我工作。2020 年 9 月 29 日，孙明在值班岗位上突发疾病，经抢救无效，不幸因公牺牲。得知孙明牺牲的消息，罪犯李某非常难过，心怀感激地说："是孙警官的教育和帮助，让我掌握了一技之长，走上了正确的道路，开启了新的人生。"

朱明明　忠诚履职，对得起身上的警服

朱明明，河南周口人，1983年8月生，2007年10月参加司法行政工作，中共党员。现任河南省第一强制隔离戒毒所党委委员、纪委书记。曾获得"全国司法行政戒毒系统先进个人""河南省司法行政戒毒系统新冠肺炎疫情防控工作先进个人"等称号，荣立个人三等功1次。

转眼间，师范专业毕业的朱明明已在戒毒一线工作了15年。

"在大多数人的眼中，吸毒人员是违法者，是社会的阴暗面，但在与她们朝夕相处的过程中，我更多地把她们当成病人、失足者、受害者。我也在尽我所能帮助她们走出阴暗、回归社会、重获新生。我们的帮教不仅能改变学员的人生价值观，还能帮她们重塑人生自信、积极融入社会，过上正常人的生活。"朱明明立下誓言，"我一定要忠诚履职，对得起身上的警服。"

再一次走进强制隔离戒毒所的郭某，情绪狂躁、顶撞警察、极不配合。原来，郭某的独生女知道她染上了毒品，和她断绝了母女关系。上次戒毒成功后，她满怀希望找到女儿，没想到女儿冷眼相对、恶语相加，将她撵出了家门。万念俱灰下，郭某再次走上了吸毒之路。

"她们渴望得到家人的认可和社会的关爱。"经过朱明明一番长谈，郭某女儿终于答应相信她、接受她。2019 年，郭某即将离所，在她 57 岁生日那天，朱明明买了生日蛋糕，组织队里的干警和戒毒人员给她开了生日会，并送上了一包她爱吃的大白兔奶糖。她笑得像个孩子，笑着笑着她却哭了。她说："朱队，谢谢您！你和我女儿一般大，你让我感受到了来自女儿的爱。"

17 岁的小可在同学的蛊惑下，尝试了一种"水烟"，没想到这是一种新型毒品。两年前，她进了强制隔离戒毒所。因为误入歧途，父母和她断绝来往。缺少了父母的关爱，年轻人再次步入社会很容易重蹈覆辙。为了帮助她走上正道，朱明明在长达一年多时间里，多次到女孩家中做她父母的思想工作。功夫不负有心人，朱明明的爱心和热心感动了女孩的父母。前不久，女孩期满离所，在戒毒所大门口见到多年未见的父亲。她和父亲紧紧握着朱明明的手，流下了感动的泪水。

"每次看到离所人员能够积极面对以后的生活，我都感到身上有无穷的力量。我要继续坚守这片阵地，帮助更多人。"朱明明说。

续　辉　二十年如一日为民解难题

　　续辉，湖北咸宁人，1963年7月生，1982年3月参加司法行政工作，中共党员。现任湖北省通城县法律援助中心负责人。曾获得"全国优秀共产党员""全国人民满意的公务员""全国三八红旗手""全国政法系统好干警""全国司法行政系统先进工作者"等称号。

　　作为湖北省咸宁市通城县法律援助中心负责人，续辉20多年如一日，坚守在法律援助工作第一线，为困难群众排忧解难。"有困难，找续辉；要帮助，找法援"的说法，在通城深入人心。

　　通城县北港镇大界村村民李春风身患绝症，与12岁的儿子相依为命。儿子4岁时，妻子离家出走，其后多次起诉离婚，通城县人民法院依法准予。李春风不服，上诉至咸宁市中级人民法院。尚未开庭，一场大火将李家烧个精光。法律援助中心受理此案后，指派续辉具体承办该案。续辉向多方调查取证，代表受授人提出"李春风的妻子支付其生活费及儿子抚养费"的诉讼请求，得到咸宁中院支持。

案件判决后，续辉回访时得知，李春风的左腿在 3 年前打工时致残，至今未获赔偿。续辉又代理了其人身损害赔偿案，帮助其与雇主达成赔偿协议。赔偿协议生效后第 20 天，李春风去世了。临终时，他嘱托亲属无论如何要到县法援中心感谢续辉。随后，续辉主动承担起李春风孩子上学的全部学费，每逢节日都会买衣物去看望他。"为这个残破的家庭燃起了一线希望。"

2018 年 7 月，续辉到了退休年龄。眼看可以好好休息了，续辉却不顾家人劝阻，接受了单位返聘。"群众的期盼和呼唤需要我继续坚守，党员的责任让我义无反顾地选择了坚持。"续辉说。

随着刑事案件律师辩护全覆盖试点工作的推进，近 3 年来刑事法律援助案件数量激增，通城县法律援助中心每年组织办理案件都在 400 件左右。续辉除办案外，还以志愿者身份参与疑难案件处理、学校授课等公益活动，每天忙得连轴转。

在通城县法律援助中心续辉办公室的门上方，张贴着一副蓝底白字宣传语：用心去抚平痛苦人的痛苦，用爱去帮助不幸人的不幸。

这句话，贯穿着续辉作为法律援助人的一生。

20 多年来，在各方支持下，通城县法律援助中心已在工会、妇联、残联、团委、学校等地建立了 26 个法律援助工作站，切实维护了困难群众的合法权益。

熊云峰　共产党员关键时刻要冲得上去

熊云峰，湖南耒阳人，1970年10月生，1993年7月参加司法行政工作，中共党员。现任湖南省长康监狱党委委员、副监狱长。曾获得"全国司法行政系统二级英雄模范""全国司法行政系统抗震救灾先进个人""全国监狱劳教系统先进个人"等称号。

　　熊云峰是一名警察，也是一名医生，更是一名共产党员。从警29年来，他用一言一行、一举一动，履行着一名共产党员忠诚于党的誓言，体现出监狱警察的担当，播撒着医者仁心的大爱。

　　2020年，新冠肺炎疫情暴发。熊云峰不顾肾结石两度手术仍在康复中，第一时间递交了"请战书"，参加援鄂医疗队。他当时只有一个想法，关键时刻共产党员要冲得上去。

　　援鄂期间，熊云峰担任方舱医院临时党委成员、副院长，组织开展防护知识培训，教授队员们如何规范操作咽拭子采样，与队员们一起值守……

　　关键时刻如此，在日常的工作生活中，熊云峰也是这样做的。
2016 年，长康监狱开始进一步扩大病犯收治规模，成立传染病监区，
以收治尿毒症病犯和传染病犯为主，需要一名医疗技术过硬、管理
能力较强的监区长。熊云峰主动请缨，担任传染病监区第一任监区
长，带领监区民警承担起这项艰巨的任务，扎实认真开展好诊疗和
管理等工作，发挥了传染病监区的重要职能作用。

　　一次，一名患有丙型肝炎的尿毒症病犯突发精神异常，熊云峰
立刻和同事紧急救治，不料病犯突然挣脱束缚，张嘴咬向自己的手
臂动静脉造瘘口。情急之下，熊云峰用手护住他的手臂，却被病犯
死死咬住。熊云峰不顾伤口剧痛，继续组织抢救，直到抢救成功。

　　在熊云峰和监狱民警的共同努力下，长康监狱的监管医疗能力
极大提升，大幅降低了罪犯外诊的风险，有效缓解了整个湖南监狱
的警力负担。

叶冠西　三双鞋"跑"出社区矫正新路子

叶冠西，湖南新化人，1970年1月生，1992年8月参加司法行政工作，中共党员。现任湖南省娄底市冷水江市司法局党组副书记、副局长。曾获得"新时代司法为民好榜样""湖南省司法行政系统创先争优活动组织工作先进个人"等称号，荣立个人三等功7次。

叶冠西临危受命，改革创新，以跑烂3双鞋、瘦身10公斤的代价拓出社区矫正新路子。他带领团队让冷水江市的社区矫正工作实现了从无到有、从有到规范、从规范到典范的完美蝶变，打造出社区矫正的"冷水江模式"，成为湖北省标杆、全国品牌，工作经验在全省推广，为全国社区矫正执法体制改革和工作机制创新作出了积极贡献。

2016年，叶冠西带队率先开展社区矫正对象行为规范教育训练，对社区矫正对象矫心正行、规范管理。这一让社区矫正对象脱胎换骨、面貌一新的教育矫治方法迅速在全省推广。

2019 年，他带队在全省率先试点开展社区矫正"队建制"改革和"智慧矫正"建设，设立了全省首个经编办批准的具有独立执法主体资格的社区矫正机构，推动了社区矫正工作从人工管理到智能化管理，从粗放管理到精准化管理，从单一管理到集约化管理的转变。2021 年 7 月，冷水江市社区矫正中心通过司法部第一批考核验收并被命名为"智慧矫正中心"。

22 岁的社区矫正对象张某，因寻衅滋事被判缓刑。社区矫正期间不思悔改，不服管教。张某的状态让叶冠西看在眼里，急在心里。他组织工作人员对张某开展谈心谈话，找准症结，拟定有针对性的矫正方案，采取人性化的执法手段和亲情化的暖心帮扶，教育、感化、挽救张某，指导他创业、就业。经过教育，张某有了极大转变，积极遵守监管规定，还做起了水果生意。解矫那天，他送来一面锦旗，对叶冠西连连道谢。"每当看到社区矫正对象顺利回归社会，我就无比欣慰，觉得再多的艰辛、再长的坚守都是值得的。"叶冠西说，帮助社区矫正对象重塑人格、重塑信心、重塑新生，是他从事这项工作的初心。

叶冠西将一大批曾经的"犯罪人"教育改造成了"新人"，冷水江市连续 6 年实现了社区矫正对象"零脱管""零重新犯罪""群体性事件零参与"的良好局面。

梁　良　用警察使命担当增加生命厚度

梁良，广东罗定人，1977 年 2 月生，1999 年 7 月参加司法行政工作，中共党员。广东省南丰强制隔离戒毒所一分所原副分所长、四级高级警长。2020 年 11 月 9 日，因病医治无效离世，年仅 43 岁。被追授"全国司法行政系统二级英雄模范"等称号，被追记个人二等功 1 次。

　　面对突如其来的新冠肺炎疫情，梁良毅然告别咿呀学语的幼子和刚升初一的女儿，第一时间"请战"，从 2020 年 1 月 25 日（农历正月初一）起，坚持连续作战，直到当年 7 月 11 日才离岗休整。

　　梁良一心扑在工作上，2020 年 2 月开始，他偶发腰痛，同事都劝他多休息。他却笑着说："我这是腰椎间盘突出，多活动活动就好了。"无论是监区"消杀灭"防疫工作，还是基地除草等日常活动，他件件参与、次次争先。

　　到 8 月份，他的疼痛发作愈发频密，甚至经常晚上睡不着觉，同事都劝他去医院检查。他却说："我可以坚持，不要把时间耗到看病上，等工作结束我再去医院好好检查。"

住院治疗期间，在病床前，他叮嘱家人："不要拨打接听单位同事的电话，千万不要因为我个人的事情影响工作大局。"

2020 年 11 月 9 日，梁良因骨癌伴双肺、全身多处淋巴结转移，医治无效逝世，年仅 43 岁。

从警 21 年里，梁良坚持立足岗位，发奋作为，努力用行动践行一名党员、一名警察的使命担当。无论在监区工作，还是在基地休整，他都充分发挥"老牛拉纤"稳重心作用，用丰富的工作经验和踏实的工作态度影响着、感动着每位同事。

梁良曾说："人无法控制生命的长度，我能做到的，就是增加生命的厚度。"

覃　碧　用赤诚诠释监狱民警初心使命

覃碧，壮族，广西河池人，1974年10月生，1995年7月参加司法行政工作，中共党员。广西壮族自治区宜州监狱办公室原副主任、一级警长。曾获得"全区监狱系统人民满意的监狱人民警察"等称号，被追授"全国司法行政系统二级英雄模范"称号，被追记个人二等功1次。

2020年1月27日，广西监狱系统全面启动防控新冠肺炎疫情一级响应。"严防死守，不让病毒传入监内，维护监管场所的安全稳定"成为疫情防控阻击战中全体监狱警察的共同信念和使命。作为有着抗击"非典"经验的老民警，覃碧在危难时刻挺身而出。

接收处理上级来文来电，起草监狱疫情防控的各种方案，配合其他部门制定各项具体疫情防控措施……疫情发生后，身为办公室分管文秘工作的副主任，覃碧的工作愈加繁重，每天都在满负荷工作。协调物资补给、发放防疫宣传资料、入户排查、测量体温，他跑遍了整个监狱生活小区 42 栋楼约 100 个单元。

2 月 11 日，连续工作 15 天后，覃碧主动"请战"，加入第二批执行集中隔离备勤任务。早在第一批执行备勤时，他就"请战"参加。他说，他想为疫情防控多做点事情。当时监狱领导考虑到工作需要，没有安排他。

"服从组织安排，一定完成任务。"这是覃碧经常挂在嘴边的一句话。在同事眼中，他是出了名的"老黄牛""铁汉子"。疫情期间，他除了高效完成本身文职工作，还充分发挥在警校练就的警体技能，利用备勤的宝贵时间，组织队员开展队列指挥、擒敌拳等实用警体技能训练活动，为同事们保持良好战备状态打下基础。

2020 年 2 月 20 日，覃碧突发疾病昏倒，经医护人员奋力抢救无效，殉职在监狱疫情防控一线，46 岁的生命永远定格。从警 20 多年来，覃碧作为一名普通监狱警察，没有惊天动地的英雄壮举，有的是朴实的情怀和一丝不苟的工作态度。他把一片赤诚之心全部都交给了监狱事业，用行动诠释了一名共产党员、一名监狱警察的初心和使命。

杨　懿　脱贫村村民眼中的好书记

　　杨懿，重庆人，1980年4月生，2010年3月参加司法行政工作，中共党员。现任重庆市司法局机关党委专职副书记。曾获得"全国脱贫攻坚工作先进个人""重庆市担当作为好干部""重庆市司法行政系统优秀共产党员""重庆市十大法治人物"等称号。

　　杨懿担任白石村驻村第一书记后，带领村民新建人饮水池500余立方米、水渠管道3公里，改善住房169栋、硬化道路25公里，并成功打造"心田花""九个山嫂""香瑶土鸡""木棕河洞鱼"等本土化品牌，实现全村产值500万元、集体经济增收近30万元，户均增收1万元，全村69户贫困户270人全部脱贫。

　　在白石村工作期间，杨懿发挥司法行政人的自身优势，创新走出法治扶贫新路径。2018年初，因为公路建设开挖泥石，渣土滚落压坏了谭某家的果树苗。谭某漫天要价，与施工方剑拔弩张。杨懿上阵调解，最终双方握手言和。在矛盾化解过程中，杨懿创建了"让一让"调解室和"四步调解法"，引导群众运用法治思维解决争端。他提出了"让一让心情平和自己愉快、让一让家庭无烦儿孙安宁、让一让化了纠纷又去挣钱"的"三让精神"，讲清"和为贵"的道理，引导群众树立法治理念、塑造文明乡风。杨懿担任驻村第一书记期间，先后成功化解100余件矛盾纠纷，使得矛盾纠纷、信访总量大幅下降，为脱贫攻坚提供了坚强法治保障。2018年，"让一让"调解室被评为"重庆市优秀人民调解组织"。

杨懿还建立"院坝治理"机制，通过建设10多个法治院坝，培育法治明白人、热心人，激发起群众自觉投身乡村治理。2019年底，"热心人"秦某发现村民加入的"红梅健康"微信群充值积分行为十分可疑，于是第一时间上报预警。经公安机关调查发现，此事涉嫌非法集资，公安民警及时出手，防止了132名群众近百万元的损失。

杨懿组建的"山乡勤亲"公益队，持续关注贫困孩子教育、心理健康等问题，带头帮扶2名因父母罪错入刑致贫的困境儿童。

为解决村民对法律的需求，杨懿发挥司法行政人的优势，争取司法鉴定机构为7个贫困家庭开展司法鉴定救助，为20余名贫困农民工申请了工伤劳资维权、法律援助，讨回执行欠款10多万元。

在杨懿的带领下，白石村从党建薄弱的"后进村"、矛盾较多的"乱村"，转变为党建优村、治理活村和内生动力强村，2020年被司法部、民政部评为"全国民主法治示范村"。杨懿被白石村村民亲切地称为"好书记"。

刘青松　大凉山 700 多个孩子的"青爸爸"

刘青松，重庆人，1971 年 3 月生，1997 年 6 月参加司法行政工作，中共党员。现任四川省攀西监狱教育改造科副科长。曾获得"四川省优秀共产党员""四川省政法系统先进个人""四川十大法治人物""四川省维护稳定工作先进个人"等称号，荣立个人二等功 1 次、三等功 2 次。

从警 25 年，刘青松一直忠诚履职、勇于担当、积极作为，特别是 2011 年以来，刘青松一直走在关爱帮扶的路上，他的足迹遍布凉山州 17 个县市、攀枝花市 3 区 2 县。他曾用 4 年多的时间帮助 1 名无户籍罪犯的儿子落户，他为解决 1 名无户籍罪犯女儿入学、落户，2 次前往 600 多公里外的遂宁市。在行程上万公里的路途上，他用实际行动、用身后的足迹把大爱洒满凉山大地，把温暖传递到高墙内外。

"通过读书，我走出农村，成为一名光荣的监狱人民警察。为阻断贫困代际传递，我想给孩子们一些希望，让他们走出大山、改变命运。"刘青松坦言。

冕宁县若水镇的小丽（化名）父亲因为抢劫被判入狱后，小丽的性格变得自卑，还会受到同学排挤。4年来，通过刘青松和老师的帮助，今年读六年级的小丽不仅学习成绩名列前茅，性格也开朗起来。

2019年，攀西监狱成立"青松工作室"。刘青松的执着努力和默默付出沁润着罪犯及其亲属干涸的心田，他的事迹深深感动和影响着身边人。越来越多的民警职工、刑释人员加入扶贫济困志愿队伍中来，接过爱心接力棒，传递社会正能量。工作室的内容也从单一的帮扶，转向更为广阔的公共法律服务领域，社会助学项目发展至14个，深蓝志愿者队伍扩展至185人。如今，刘青松带领"青松工作室"在争创省级青年文明号过程中，不断完善组织架构，优化管理效能，提升志愿者素质，切实拓宽岗位职责，主动引入社会力量，深化延伸关爱内容和帮扶对象，推动监狱工作"向前、向后、向外"扩展延伸，推动着"社会包容、政府帮扶、部门联动、家庭接纳"社会帮教大格局的形成。

截至2022年2月，刘青松和工作室共帮扶困难学生2098人次；协调减免学（杂）费及亲子鉴定费47人次近16万元；解决有特殊困难孩子入学、复学、升学53人和45名特困儿童的低保、事实无人抚养儿童生活保障；协助解决无户籍孩子落户119人……其中，21个孩子考上大学。

日积月累、日拱一卒，刘青松和孩子们的梦想一起开花结果。

唐顺保 用生命书写无悔的人生

唐顺保，云南临沧人，1966年7月生，1989年7月参加司法行政工作，中共党员。云南省建水监狱医院原院长。2019年7月17日，因病去世。曾获得"全国司法行政系统先进工作者"等称号，荣获云南省五一劳动奖章。被追授"全国司法行政系统二级英雄模范"称号。

"我不后悔，我愿意……"从警30年，在监狱医院抗击艾滋病一线奋战11年，面对误解，他从不后悔当初的选择；两次职业暴露，生死之间他毫不犹豫冲到最前面；身患绝症被疾病无情折磨，他带病坚持工作，用生命诠释了监狱人民警察坚守的意义——他就是云南省建水监狱医院原院长唐顺保。

从走进监狱医院那一刻起，唐顺保就一门心思扑在医务工作上。2008年初，上级决定在建水监狱试点集中管理、治疗艾滋病罪犯，这让很多人顾虑重重。

"工作总要有人干！我愿意承担这份责任，请求组织批准。"关键时刻，唐顺保的选择充分体现出一名优秀共产党员的责任和担当。他不仅自己主动请缨，还动员做护士的妻子一起到特殊病犯监区工作。

在唐顺保夫妇的带动下，通过普及防护知识，许多医护人员放下顾虑，义无反顾地投身这项工作中。

艾滋病罪犯集中管理、治疗改革试点的意义在于"先行先试，善作善成"。作为改革试点的先锋，唐顺保直面困难挑战，勇于改革创新，带领团队历经多年艰难探索，逐步形成了一套科学的艾滋病罪犯管理模式和治疗模式，为全国监狱集中管理、治疗艾滋病罪犯提供了"建水监狱方案"。2015年12月，他受邀代表云南监狱，在国际红十字会与中国司法部举办的监狱卫生与疾病防治国际学术研讨会上就监狱艾滋病防治工作进行交流发言，受到与会国内外专家的高度评价。

然而，正当监狱抗艾改革试点工作取得巨大成绩的时候，唐顺保却病倒了。2019年7月17日，唐顺保因病去世。

"我是身着藏蓝警服的人民警察，也是白衣加身的医务工作者，这两个身份集于一身，始终让我感到身上光荣的责任感和使命感。"从警从医30年的唐顺保，始终保持着这颗初心。

米　玛　用"司法蓝""天使白"擎起平安健康天空

米玛，藏族，西藏山南人，1969年5月生，2000年12月参加司法行政工作，中共党员。现任西藏自治区病犯监狱藏医科科长、四级高级警长。曾获得"全国政法系统优秀党员干警""西藏自治区司法系统优秀共产党员""西藏自治区司法系统监狱工作先进个人"等称号。

作为医生，他医者仁心，救死扶伤，用专业知识为病患解除痛苦；作为警察，他坚定理想信念、厚植为民情怀，承担着改造罪犯的职责。从警以来，他始终不忘入党初心，牢记宗旨使命，清清白白从警，堂堂正正从医，在热爱的工作岗位上，以勤奋敬业精神诠释了一名共产党员应有的忠诚和担当，履行了一名监管医疗工作者爱岗奉献、救死扶伤的天职。

米玛每年都要深入驻村点、附近街道、社区、敬老院开展义诊，为群众送医送药，受到广大群众的一致好评。

1987 年，从山南卫校毕业后，米玛先后在西藏自治区藏医院、自治区藏医学院、自治区人民医院、自治区第二人民医院深造，还曾跟随多位藏医专家学习，在藏西医结合临床救治方面潜心学习研究。针对高原地区群众多发疾病、疑难杂症，他充分利用业余时间勤奋钻研藏医药典籍著作，大胆尝试，以身试药，历经 3 年时间先后研制的口服药和藏药浴治疗受到广大患者的好评。

2021 年 4 月，罪犯达某因病被西藏病犯监狱收治。刚入院时，达某情绪激动，抗拒治疗甚至拒绝进食。经米玛带领监管人员、医护干警多次谈心谈话后，达某逐渐打开心结，主动接受治疗。经过 2 个多月的精心医治，达某的病情得到有效控制，成为一名改造积极分子。

米玛始终坚持"病情就是犯情，治疗就是改造"的理念，尊重罪犯人格，关心罪犯健康，有力维护监管改造秩序和罪犯合法权益。

2020 年，因过度劳累引发心绞痛，米玛晕厥在了工作岗位上，经抢救方脱离危险。但面对突如其来的新冠肺炎疫情，米玛不顾自身安危，毫不犹豫主动"请战"参加第一批封闭执勤，负责预检门诊、发热门诊、隔离病房等抗疫最危险的第一线工作，准确把握疫情防控工作要求，科学统筹调度各方人员和防疫物资。

作为疫情防控一线临时党支部书记，他号召全体党员做表率、打头阵，严格抓好疫情防控各环节工作。在西藏病犯监狱筹备发热预检门诊时，米玛以过硬的业务能力科学研判形势，精准把握疫情防控工作要点，对各部门提出的问题以认真负责的态度加以解决。他出色完成了各项工作任务，守好了监狱戒毒系统第一道防线，确保了监狱防疫和监管场所"双安全"。

花　薇　用行动诠释监狱警察的"硬核担当"

　　花薇，江苏泰州人，1967年11月生，1989年7月参加司法行政工作，中共党员。现任陕西省监狱管理局财务装备处副处长、三级调研员、一级警督。曾获得"全国司法行政系统抗击新冠肺炎疫情先进个人"等称号，荣立个人二等功1次、三等功4次。

　　在陕西省监狱系统，花薇被同事们称为"花木兰"。这不仅是因为她的姓氏，更是因为在日常工作中，她雷厉风行、冲锋在前的工作作风和那股巾帼不让须眉的劲头。在省女子监狱分管罪犯教育改造工作期间，她深入监管一线，带头对重点顽固罪犯开展个别教育，并根据女犯心理状态、性别特点组织编写谈话提纲，带领青年干警大力开展谈心谈话教育，充分发挥教育矫治的攻心治本功能。罪犯改造内驱动力不断激发，罪犯思想、文化教育成绩显著。

　　花薇深知让罪犯成为守法公民和有用之人是教育改造工作的

根本，帮助罪犯顺利回归社会是监狱维护社会稳定的应尽之责，为此她不断整合资源、拓展帮教、创新载体，大力开展罪犯职业技能培训，开设狱内计算机、美容、茶艺、服装制版、缝纫等课程，组织并鼓励罪犯参加职业技能考试，分管期间累计有 1427 名罪犯考取了职业资格证书。

2020 年伊始，新冠肺炎疫情暴发。花薇作为援鄂工作队临时党支部书记，既当指挥员，又当战斗员，还当辅导员，全程投入隔离点疫情防控和监管安全工作，参与监管一线的疫情防控、狱情研判、罪犯管理、教育改造、执勤值班工作，"实地嫁接"陕西监狱经验做法，确保疫情防控和监管改造"双安全"，做到了精准发力抓重点、队伍管理全方位、工作落实无死角，以敢于斗争、敢于胜利的大无畏气概书写了共产党人的初心使命，用对党忠诚、服务人民的实际行动诠释了监狱警察的"硬核担当"。

张克彪　一位舍小家顾大家的监狱长

张克彪，甘肃民勤人，1966 年 7 月生，1989 年 12 月参加司法行政工作，中共党员。现任甘肃省金昌监狱党委书记、监狱长，一级高级警长。曾获得"甘肃省政法系统优秀党员干警""甘肃省司法行政系统优秀党务工作者"等称号，荣立个人一等功 1 次、三等功 1 次。

张克彪松开紧握妻子的手，望着缓缓关闭的手术室大门，陷入深深的自责。

这是一场迟到 3 年的手术。张克彪的妻子患有严重的腰椎间盘突出，常规治疗已经不起作用，3 年前主治大夫提出手术治疗的方案。张克彪对妻子说："等这段时间忙完，我马上陪你做手术。"这一等就是 3 年，直到妻子病情严重到不能下床时，张克彪才被迫"有空"。

可就在张克彪站在手术室外焦急等待时，手机铃声突然响起，他接起电话只连着说了几个"是"，就挂断了。看见父亲神情凝重，身边的女儿焦急地问："爸爸，没事吧？"原来电话是监狱局领导打来的，要他马上回单位执行一项紧急特殊任务。女儿听后眼泪夺眶而出，已经记不得这是父亲的第多少次"缺席"家事。

从警33年，张克彪始终把心扑在工作上，舍小家顾大家，几乎把自己全部的精力和时间都放在他所热爱的监狱事业上。他狠抓监管改造，完善监管安全制度体系，层层签订监管安全目标责任书；他以隐患排查为抓手，将日督察与专项排查、重大节日排查、月排查有机结合起来，保证监狱持续安全稳定；疫情暴发之初，他带头封闭执勤，与同事并肩战斗。

创新是监狱管理发展的助推剂，张克彪创造性提出"一二年夯基固本强主业，三四年创新驱动快发展，第五年稳步提升创一流"的五年发展规划，分别以"启航、奋进、拼搏、冲刺、圆梦"为主题，一年一个目标、一步一个脚印，开启了金昌监狱事业腾飞的征程。

舍小家顾大家，无私奉献、辛勤付出，换来了金昌监狱事业发展的累累硕果。在张克彪的带领下，在监狱全体干警的努力下，监狱各项工作有了长足进步，也收获了诸多荣誉。2020年，金昌监狱被授予"全国文明单位"称号，同年获司法部集体嘉奖一次；2021年，金昌监狱被司法部记集体二等功1次。

包晓荣　永远不忘立法为民的初心

　　包晓荣，上海人，1972 年 4 月生，1999 年 5 月参加司法行政工作，中共党员。现任宁夏回族自治区司法厅立法二局局长。曾获得"新时代司法为民好榜样""宁夏回族自治区政法英模""宁夏回族自治区百名法治模范""宁夏回族自治区维护妇女儿童权益先进个人"等称号。

　　高度负责的敬业精神，严谨细致的工作作风，公道正派的处事风格，对于包晓荣来说，既是一种责任，也是一种担当。这种责任和担当激励着她前行，更使她获得了群众和同事们的认可。

　　认可的背后，是她的工作成绩：将"宁夏回族自治区行政区域内发生道路交通事故造成人身伤亡的，残疾赔偿金、死亡赔偿金按照自治区城镇居民上年度人均可支配收入标准计算"的内容写入法规；承办的《宁夏回族自治区环境教育条例》，开创了我国环境教育立法的先河；《宁夏回族自治区空间发展战略规划条例》使宁夏成为首个就省域空间战略规划立法的省区，推进了多规合一的落实落地；《宁夏回族自治区女职工劳动保护办法》确立的"一函两书"工作机制，作为地方立法经验在全国推广。

2016年，包晓荣在起草《宁夏回族自治区女职工劳动保护办法》时，一头栽倒在岗位上，医院确诊为脑膜瘤和神经鞘瘤。在得知《宁夏回族自治区女职工劳动保护办法》要上自治区政府常务会时，她不顾医生的劝阻，拔下针管，缠上胶布，悉心准备上会材料。

主治医生说："没见过这么拼命的，你不要命了，地球离了谁都转。"

包晓荣笑着回答："这事全程是我干的，别人不熟悉。"

2016年9月，包晓荣到上海华山医院进行了生死攸关的脑部手术。一年后，身体尚未完全康复的她，重新回到了工作岗位，继续以饱满的热情和工作状态投入她所热爱的法治事业中。

静水流深，花开不语。美和力量不在于喧嚣，而在于沉静中的坚守。"司法行政的每一项工作都是法治工作，每一个岗位都在建构社会公平。"在包晓荣看来，不论走到哪里，都不能忘了立法为民的初心。

库兰·阿新别克 一粒扎根基层的胡杨种子

库兰·阿新别克，哈萨克族，1972年12月生，1993年10月参加司法行政工作，中共党员。现任新疆维吾尔自治区阿勒泰地区富蕴县司法局二级主任科员，可可托海镇政协工委副主任、司法所所长。曾获得"全国人民满意的公务员"等称号，荣立个人三等功1次。

她的足迹遍布可可托海镇每个角落，每家每户都见过她的身影；她既是矛盾调解的一把好手，更是老百姓眼中的热心人——她就是库兰·阿新别克。

库兰是可可托海镇司法所所长，已经在可可托海镇工作了28年。她用自己的热忱和坚定，架起了服务群众的桥梁，捍卫着公正的天平。

从事基层司法行政工作29年以来，库兰没有休过一次假，哪里有纠纷，哪里有案情，她就会出现在哪里。

库兰接待群众来信来访 3000 余人次，提供法律咨询 800 多人次，指导人民调解 680 余起，调解民间纠纷近 400 起，承接各类矛盾纠纷案件调解率达到 100%，调解成功率达到 98% 以上。

没有从事过调解工作的人，很难想象基层矛盾纠纷的复杂。而剥开这些矛盾纠纷的外衣，直指问题的关键，进而保障群众的合法利益，是库兰的重要工作内容。

可可托海镇属于农牧混合发展区域。2017 年 6 月，当地牧民夏季转场途中占用了农民的耕地，双方的矛盾不断激化。库兰经过调查发现，农民手中有国土部门颁发的土地使用权证，但牧民手中也有草原站颁发的草原证。双方看似都合理合规的背后，其实是历史遗留问题的激化。

在与上级主管部门商议后，由司法所牵头，组织了一场包含上级主管部门、国土部门和草原站在内的多方联动调解。经过协商，农民最终同意在牧民转场期间留出转场所需土地，同时牧民压缩转场占用耕地的时间。考虑到这一问题在可可托海镇的普遍性，经过库兰多次建议，镇政府拿出了一揽子方案。此后，类似问题得到了妥善解决。

"能够公平公正公开地保障群众权益，合法合情合理地化解基层矛盾，所以这里的群众认识我、信任我、尊重我。我很知足，甘心做一粒扎根基层的胡杨种子，守护好一方百姓。"库兰说。

刘厚彬　将群众的事当自己的事来办

　　刘厚彬，四川内江人，1988 年 9 月生，2013 年 10 月参加司法行政工作，中共党员。现任新疆生产建设兵团第十四师昆玉市司法局皮山农场司法所所长。曾获得"最美奋斗者""全国人民调解工作先进个人""新疆生产建设兵团优秀共产党员"等称号。

　　参加工作以来，刘厚彬的足迹遍布辖区所有连队，组织普法活动 2000 余场、处理纠纷 300 余次，调解成功率达 100%……谈及这一切，刘厚彬说："做好调解工作，要始终把群众放在心里，将群众的事当自己的事来办。"

　　2021 年 9 月，务工人员麦某等 4 人情绪异常激动地来到皮山农场司法所请求帮助维权。经详细了解后，刘厚彬得知，麦某等人均在皮山农场某连从事工程建设，完工后由于工程验收中存在的问题，一直未拿到工资。为避免矛盾激化，刘厚彬一边耐心安抚麦某等人，一边电话联系工程承包方艾某进行调解。在刘厚彬的努力下，双方最终对拖欠工资数额、支付时限和支付方式等达成共识，艾某当场将工资支付给麦某等人。至此，久拖未决的劳资纠纷得以圆满解决。

刘厚彬长期扎根南疆最基层、奋战维稳第一线、驻守民族团结主阵地，以负责的态度、过硬的作风和真挚的情感赢得各族职工群众认可。他坚持推进"枫桥经验"本地化，注重加强行业性、专业性和特色调解组织建设，主导建成了 14 个连队（社区）基层人民调解委员会，一手打造了由 20 名专职和 70 余名兼职人员组成的人民调解员队伍。

近几年来，刘厚彬累计受理调处各类纠纷 528 件，调解成功率、履行率均为 100%；开展帮教帮扶 247 人次，解决职工群众工作生活困难问题 46 件；建立 17 个固定法治宣传阵地，开展法治宣传活动 571 场次，受教育人数达 13.5 万人。他不忘初心、牢记使命，并勇于创新，使辖区内司法行政工作呈现出勃勃生机，为构建法治皮山农场作出了应有贡献，也成为兵团司法行政系统的先进典型和一面旗帜。